2025

TAXNET

알기쉬운 지출증명서류

세금계산서 및 현금영수증 등 개인·법인사업자의 **지출증명서류 실무에 관한 모든 것!**

이영우 저

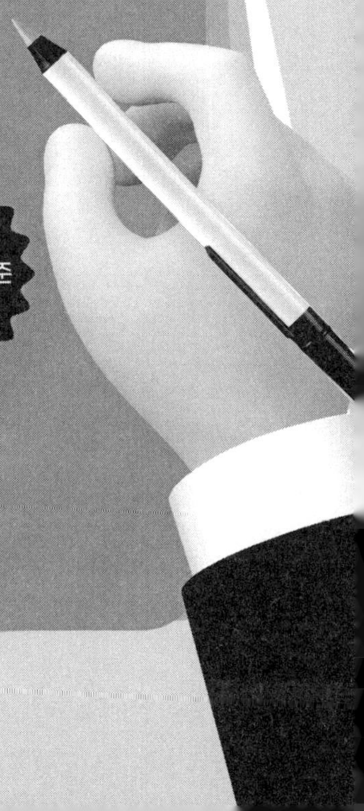

개 정
21판

법인과
개인사업자의
지출내용
모두 수록!

최근까지
발표된
기본통칙, 집행기준
및 질의회신
총망라!

조세통람

PREFACE

머 리 글

세금계산서 및 현금영수증 등 개인 · 법인사업자의 **지출증명서류 실무에 관한 모든 것**을 담았습니다.

2025년 개정판에 대한 독자 여러분의 성원에 감사드린다.

2014사업연도분부터 법인의 경우 지출증명서류수취검토서를 국세청에 제출하도록 되어 있으므로 지출증명서류의 중요성은 날로 강조되고 있다.

저자는 2000년 하반기부터 20년 여간 지출증명서류에 대한 실무적인 강의를 지속적으로 해왔으며 실무자들의 생생한 목소리를 현장에서 들어 왔다. 그러한 현장에서의 목소리를 토대로 실무자들의 실무상 어려운 점과 그들의 의문점을 잘 설명할 수 있는 자료를 준비해오다가 지난 20년간의 강의록과 기타 자료 등을 종합정리하여 본 서적을 감히 출간하게 되었다.

2025년 개정판에서는 2024년 연말 및 2025년 3월까지 세법개정 내용과 2024년판 이후에 발표된 판례, 기본통칙, 집행기준 및 질의회신을 반영하여 알기 쉽게 설명하였다.

본서를 집필함에 있어서 저자가 주력한 것은 다음과 같다.

첫째, 초보자도 알기 쉽게 세법용어 등을 자세히 설명하였다.

둘째, 관련법령 및 고시자료를 해당부분에 요약정리함으로써 종합적으로 판단하게 하였다.

셋째, 법인과 개인사업자의 지출내용을 모두 수록하여 개인사업자의 경우에도 알기 쉽게 하였다.

넷째, 재무상태표와 손익계산서의 계정과목별 지출증명서류에 대하여 설명함으로써 재경직에 근무하지 아니하는 분들도 이해하기 쉽게 하였다.

다섯째, 최근까지 발표된 기본통칙, 집행기준 및 질의회신을 전부 망라하였다.

저자로서는 지출증명서류의 실무지침서가 되도록 정성을 다하였지만 아직도 많은 미비점이 있을 것으로 생각된다.

끝으로 본서를 출간하는 데 저자를 많이 도와주신 서원진 회장님과 관계직원에게 심심한 사의를 표한다.

2025년 3월

저자 **이영우**

약어표시

본 교재의 약어는 다음과 같이 표시하였습니다.

법　법 : 법인세법
법　령 : 법인세법 시행령
법　칙 : 법인세법 시행규칙
법　통 : 법인세법 기본통칙

상증법 : 상속세 및 증여세법
상증령 : 상속세 및 증여세법 시행령
상증칙 : 상속세 및 증여세법 시행규칙
상증통 : 상속세 및 증여세법 기본통칙

부　법 : 부가가치세법
부　령 : 부가가치세법 시행령
부　칙 : 부가가치세법 시행규칙
부　통 : 부가가치세법 기본통칙

소　법 : 소득세법
소　령 : 소득세법 시행령
소　칙 : 소득세법 시행규칙
소　통 : 소득세법 기본통칙

조특법 : 조세특례제한법
조특령 : 조세특례제한법 시행령
조특칙 : 조세특례제한법 시행규칙
조특통 : 조세특례제한법 기본통칙

기　법 : 국세기본법
기　령 : 국세기본법 시행령
기　칙 : 국세기본법 시행규칙
기　통 : 국세기본법 기본통칙

지기법 : 지방세기본법
지기령 : 지방세기본법 시행령
지기칙 : 지방세기본법 시행규칙

지　법 : 지방세법
지　령 : 지방세법 시행령
지　칙 : 지방세법 시행규칙

지특법 : 지방세특례제한법
지특령 : 지방세특례제한법 시행령
지특칙 : 지방세특례제한법 시행규칙

예

• 법법 §2 ② 2호 : 법인세법 제2조 제2항 제2호

CONTENTS

제1장 지출증명서류의 범위

CONTENTS

CONTENTS

CONTENTS

2025 알기쉬운
지출증명서류

제 1 장

지출증명서류의 범위

제1절 도입배경

1. 개 요

법인 또는 「소득세법」에 의한 사업자가 사업과 관련하여 재화 또는 용역을 사업자로부터 공급받고 그 대가를 지출하는 때에 그 증명서류로 세금계산서·계산서 또는 신용카드매출전표 및 현금영수증 등(이하 "정규증명서류"라 한다)을 수수하도록 하고 있는데, 이는 납세자의 경비투명성을 확보하고 거래상대방 사업자의 과세표준양성화를 유도함으로써 세제 및 세정의 정상화를 도모하고자 하는 데 그 목적이 있다. 이러한 소기의 성과를 이루기 위하여 정규증명서류에 관한 규정은 1999.1.1.부터 도입되었고, 2001.1.1.부터의 거래에 대하여는 정규증명서류가 아닌 경우 지출증명서류수취불성실가산세(거래금액의 2%)를 부과하도록 하였다(법법 §116, 소법 §160의 2).

2. 정규증명서류와 손금

법인이 업무와 관련하여 지출한 비용(1회의 접대에 지출한 기업업무추진비 중 3만원* 초과분은 제외)에 대하여 지출증명서류를 수취하지 아니한 경우에도 다른 객관적인 자료에 의하여 그 지급사실이 확인되는 경우에는 당해 법인의 각사업연도소득금액 계산상 이를 손금에 산입한다(법인세과-3786, 2020.10.26.; 법인세과-234, 2012.3.30.; 법인 46012-1281, 1999.4.7.; 법인세과-789, 2009.7.14.).

* 2021.1.1. 이후 기업업무추진비로 지출하는 분부터 정규증명서류의 금액기준이 1만원에서 3만원으로 인상되었다(법령 §41 ① 2호, 부칙 §9, 2021.2.17. 개정).

제2절 정규증명서류의 범위

1. 경비 등 정규증명서류의 수취 및 보관

(1) 정규증명서류의 수취 및 보관

법인과 「소득세법」에 의한 사업소득이 있는 개인사업자(거주자 또는 비거주자)가 사업과 관련하여 세법에서 규정하는 사업자로부터 재화나 용역을 공급받고 그 대가를 지급하는 경우에는 다음 각 호의 어느 하나에 해당하는 증명서류(이하 "정규증명서류"라 한다)를 받아 법 소정의 기한까지 보관하여야 한다(법법 §116 ① 전단·②, 소법 §160의 2 ① 전단·②).

① 「여신전문금융업법」에 따른 신용카드(신용카드와 유사한 것으로서 「여신전문금융업법」에 의한 직불카드, 외국에서 발행된 신용카드, 「조세특례제한법」 제126조의 2 제1항 제4호에 따른 기명식선불카드, 직불전자지급수단, 기명식선불전자지급수단 또는 기명식전자화폐 포함)매출전표

② 「소득세법」 제162조의 3 제1항에 따라 현금영수증 가맹점으로 가입한 사업자가 재화나 용역을 공급하고 그 대금을 현금으로 받은 경우 그 재화나 용역을 공급받은 자에게 현금영수증 발급장치에 의하여 발급받는 것으로 거래일시·금액 등 결제내역이 기재된 영수증(이하 "현금영수증"이라 한다)(조특법 §126의 3 ④)

③ 「부가가치세법」 제32조의 규정에 의한 세금계산서

④ 「법인세법」 제121조 및 「소득세법」 제163조의 규정에 의한 계산서

관련 예규

1. **법인이 ERP시스템에 의하여 장부와 증명서류를 처리하고 정보보존장치에 입력한 경우 문서에 의한 원본 증명서류와 정보보존장치를 함께 보관하여야 하는 것임**(서면2팀-662, 2005.5.6.)

   법인이 ERP시스템에 의하여 장부와 증명서류를 처리하고 정보보존장치에 입력한 경우 문서에 의한 원본 증명서류와 정보보존장치를 「국세기본법」 제85조의 3 규정에 의하여 함께 보관하여야 하며, 법인은 「법인세법」 제116조 규정에 의하여 각 사업연도에 그 사업과 관련된 모든 거래에 관한 증명서류를 작성 또는 수취하여 신고기한이 경과한 날로부터 5년간 보관하여야 하며, 증명서류에는 세금계산서, 계산서, 신용카드매출전표, 현금영수증, 자금거래 증명서류, 영업계약서 외에 INVOICE나 선장확인서 등이 포함되는 것임.

2. **장부를 전산으로 보존하는 경우도 장부보관의무를 이행하는 것으로 보나 증명서류 원본도 보관하여야 하는 것임** (서면법인-1496, 2020.5.26.; 서면법인-3970, 2020.4.29.; 서면법인-2231, 2018.1.25.; 서면2팀-588, 2008.4.1.; 서면2팀-777, 2005.6.4.)

   전산조직을 이용하여 장부와 증명서류를 작성한 법인은 '전산조직운용명세서'를 법인세과세표준신고서와 함께 제출하는 것이며, 「국세기본법 시행령」 제65조의 7의 규정에 의하여 정보보존장치에 보존하는 경우에는 장부를 별도로 출력하지 않더라도 장부보관의무를 이행하는 것으로 보는 것이나, 이 경우에도 증명서류의 원본은 「법인세법」 제116조에 의하여 보관하여야 하는 것임.

3. **WEB INVOICE SYSTEM DATA가 수취보관하여야 할 증명서류로의 인정 여부는 납세자의 전산화 실태, 정보보존장치의 생산·이용·보존의 방법 등 전자계산조직의 개발과 운영내용에 따라 개별적으로 판단할 사항인 것임**(서면2팀-1978, 2005.12.5.)

   법인이 장부와 증명서류의 전부 또는 일부를 전산조직을 이용하여 작성한 경우 그 자체가 원본이므로 「국세기본법 시행령」 제65조의 7에서 정하는 기준에 적합하도록 정보보존장치에 보존하는 경우 「국세기본법」 제85조의 3에서 정하는 장부 등의 비치 및 보존의무를 이행하는 것이 되나, 문서로 받은 증명서류를 스캐너나 키보드를 통하여 전산입력하여 정보보존장치에 보존하는 경우 원본증명서류를 반드시 같이 보존하여야 하며, WEB INVOICE SYSTEM DATA가 「법인세법」 제116조에 의하여 수취보관하여야 할 증명서류로 인정되는지 여부는 정보보존장치의 생성, 보존과 관련하여 필요한 기록은 국세기본법시행령 제65조의 7 각 호에서 요구하는 내용을 포함하는 것으로서 명칭에 관계없이 해당 납세자의 전산화 실태, 정보보존장치의 생산 · 이용 · 보존의 방법 등 전자계산조직의 개발과 운영내용에 따라 개별적으로 판단할 사항임.

4. 수취·보관 대상 지출증명서류 해당 여부(서면－2015－법인－1406, 2015.9.17.)

「법인세법」 제116조 제2항의 규정에 의한 지출증명서류의 수취 · 보관대상이 아닌 경우로서 법인이 사업과 관련하여 지출하는 거래에 대하여 수취 · 보관하여야 하는 지출증명서류는 일반적으로 용인되는 것으로서 객관적으로 확인이 가능한 서류 등을 말하는 것이며, 이에 해당하는지 여부는 당해 지출증명서류의 실질내용에 따라 사실판단할 사항임.

5. 문서로 받은 증빙서류를 스캔을 통하여 보존하는 경우(서면－2018－법인－1312, 2018.5.31.)

문서로 받은 증빙서류를 스캐너 등을 통하여 「국세기본법 시행령」 제65조의 7에서 정하는 기준에 적합하도록 정보보존장치에 보존하는 경우 「법인세법」 제116조 제1항에 따라 원본증빙서류를 반드시 같이 보존하여야 하는 것이며, 법인이 장부와 증빙서류의 전부 또는 일부를 「국세기본법 시행령」 제65조의 7 및 국세청장이 정하는 기준에 따라 전산조직을 이용하여 작성한 경우에는 그 자체가 원본이므로 이를 정보보존장치에 보존하는 경우 장부 등의 비치 및 보존의무를 이행한 것으로 보임.

6. 출장비를 계좌이체한 것의 정규증명서류 해당 여부(서면-4278, 2020.3.31.)

출장직원에게 출장비를 계좌이체한 계좌이체 확인증은 「법인세법」 제116조 제2항에 따른 증명서류에 해당하지 않는 것임.

7. 장부 등의 비치와 보존

(서면－2023－징세－0879, 2023.8.7.; 서면－2019－법령해석기본－3783, 2020.11.3.)

법인이 종이문서나 그 밖에 전자적 형태로 작성되지 아니한 증거서류를 「전자문서 및 전자거래 기본법」 제5조 제2항에 따른 전자화문서로 변환하여 공인전자문서센터에 보관한 경우에는 「국세기본법」 제85조의 3 제1항에 따라 장부 및 증거서류를 갖춘 것으로 보는 것이나, 종이문서로 받은 증빙서류를 스캐너를 통하여 전자파일로 정보보존 장치에 보존하는 경우에는 원본증빙서류를 같이 보존하여야 하는 것임.

8. 비영리법인에 광고 및 홍보 대가로 지급한 금액의 지출증명서류 수취·의무

(사전－2023－법규법인－0346, 2024.5.27.)

법인이 비영리내국법인인 ‘A대학’과 해당 대학이 개최하는 축제 관련 스폰서십 계약을 체결하고 광고 및 홍보대가로 A대학에 지급한 금액은 A대학의 수익사업에서 생기는 소득에 해당하는 것이므로, 해당 법인은 「법인세법」 제116조 제2항 및 같은 법 시행령 제158조 제1항 제1호 가목 괄호에 따라 같은 법 제116조 제2항 각 호의 어느 하나에 해당하는 증명서류를 받아 보관하여야 하는 것임.

(2) 매입자발행세금계산서 또는 계산서의 정규증명서류 수취·보관의제

법인이 다음 각 호의 어느 하나에 해당하는 경우에는 정규증명서류의 수취·보관 의무를 이행한 것으로 본다(법법 §116 ③, 소법 §160의 2 ③).

① 위 '(1)'의 '③'의 세금계산서를 발급받지 못하여 「부가가치세법」 제34조의 2 제2항에 따른 매입자발행세금계산서를 발행하여 보관한 경우

② 위 '(1)'의 '④'의 계산서를 발급받지 못하여 「법인세법」 제121조의 2 또는 「소득세법」 제163조의 3에 따른 매입자발행계산서를 발행하여 보관한 경우

(3) 정규증명서류를 보관한 것으로 보는 경우

법인이 다음의 어느 하나에 해당하는 지출증명서류를 받은 경우에는 「법인세법」 제116조 제1항에 따라 지출증명서류를 보관한 것으로 보아 이를 별도로 보관하지 아니할 수 있다(법령 §158 ⑤, 소령 §208의 2 ⑤).

① 「조세특례제한법」 제126조의 3 제4항에 따른 현금영수증

② 「법인세법」 제116조 제2항 제1호에 따른 신용카드 매출전표

③ 「부가가치세법」 제32조 제3항 및 제4항에 따라 국세청장에게 전송된 전자세금계산서

④ 「소득세법 시행령」 제163조 제8항에 따라 국세청장에게 전송된 전자계산서

2. 정규증명서류의 내용

(1) 세금계산서

세금계산서는 「부가가치세법」에 의하여 사업자등록을 한 일반과세자만이 교부할 수 있으며 미등록사업자나 간이과세자(신규사업자와 직전연도의 공급대가가 4,800만원 미만인 사업자에 한정됨) 또는 면세사업자는 세금계산서를 교부할 수가

없다. 또한 수입하는 재화에 대하여는 세관장이 수입세금계산서를 교부한다. 정규증명서류의 효력을 갖는 세금계산서는 「부가가치세법」 규정에 의하여 적법하게 교부된 세금계산서를 의미한다.

참고 「부가가치세법」상의 사업자의 구분

1. 「부가가치세법」상의 사업자의 구분

① 과세사업자
- 일반과세사업자 : 간이과세자를 제외한 기타 과세사업자
- 간이과세자 : 직전 1년의 공급대가가 1억4백만원* 미만인 개인사업자(부동산임대업과 개별소비세법 제1조 제4항에 따른 과세 유흥장소를 경영하는 사업자의 경우는 4,800만원 미만인 개인사업자)

* 종전에는 8,000만원이었으나 2024.7.1.부터 1억4백만원으로 적용한다.

② 면세사업자 : 면세되는 재화 또는 용역을 공급하는 사업자

2. 사업자등록번호의 구성

사업자등록번호(×××－××－×××××)와 같이 10자리로 구성된다. 사업자등록번호의 구성내용은 다음과 같다.

① 최초 3자리 : 사업자가 사업자등록을 최초로 신고한 세무서코드

② 가운데 2자리 : 개인사업자·법인사업자 구분코드

[개인사업자]

개인과세사업자 : 특정동 구별없이 01부터 79까지를 순차적으로 부여

개인면세사업자 : 산업구분없이 90부터 99까지를 순차적으로 부여

「소득세법」 제1조 제3항에 해당하는 법인이 아닌 종교단체 : 89

「소득세법」 제1조 제3항에 해당하는 자로서 위 항 이외의 자(아파트관리사무소 등) : 80

[법인사업자]

영리법인의 본점…81, 86, 87, 88

비영리법인의 본점 및 지점…82

국가, 지방자치단체, 지방자치단체조합…83

외국법인의 본·지점 및 연락사무소…84
영리법인의 지점…85

③ 마지막의 앞 4자리 : 일련번호
과세사업자(일반·간이), 면세사업자, 법인사업자별로 등록 또는 지정일자순으로 사용가능한 번호를 0001~9999를 부여한다. 다만, 비영리법인의 본·지점은 등록 또는 지정일자순으로 0001~5999로 부여하고, 법인격없는 사단, 재단, 기타 단체 중 법인으로 보는 단체는 6000~9999로 부여한다.

④ 마지막 1자리 : 검증번호
전산시스템에 의하여 사업자등록번호의 오류 여부를 검증하기 위하여 부여된 특정숫자이다.

한편, 정규증명서류로 볼 수 없는 세금계산서는 다음과 같다.

1) 불분명 세금계산서

세금계산서에 다음의 필요적 기재사항(부법 §32 ①, 39 ① 2호) 중 전부 또는 일부가 기재되지 아니하거나 사실과 다르게 기재된 때에는 매입세액이 불공제되는바, 이러한 불분명 세금계산서는 정규증명서류로 볼 수 없어 증명서류수취불성실가산세가 적용된다. 다만, 착오기재의 경우 다른 필요적 기재사항이나 임의적 기재사항으로 보아 거래사실이 확인되는 경우에는 정규증명서류로 본다.

① 공급하는 사업자의 등록번호와 상호 또는 성명
② 공급받는 자의 등록번호
③ 공급가액과 부가가치세액
④ 작성연월일

2) 위장매입세금계산서

위장매입세금계산서란 실제매입사업자와 세금계산서의 명의상의 사업자가 다른 경우를 말한다.

위장거래에 의한 매입시 거래사실이 확인되는 경우에는 부가가치세매입세액은 불공제된다.

이 경우도 당해 법인의 업무와 관련된 비용으로서 다른 객관적인 자료에 의하여 그 거래사실이 확인되는 경우에는 법인 및 개인사업자의 소득금액계산상 손금은 인정이 되나, 지출증명서류수취불성실가산세가 적용된다(국심 2005부1752, 1753, 2005.10.25. 참조).

3) 가공매입세금계산서

가공매입세금계산서란 실물거래없이 가공세금계산서만 수취한 경우를 말한다. 가공거래에 의한 가공매입세금계산서는 실제 지출로 보지 않고 일체의 손금으로도 인정되지 아니한다. 따라서 지출증명서류수취불성실가산세는 적용되지 아니한다(국심 2002부347, 2002.9.2. 참조).

관련 예규

1. **지출증명서류의 범위**

   다음 각 호에 해당하는 경우에는 「법인세법」 제116조 제2항에 따른 증명서류로 보지 아니한다.

   ① 실제거래처와 다른 사업자명의로 교부된 세금계산서·계산서 또는 신용카드매출전표

   ② 「부가가치세법」상 미등록사업자로부터 재화 또는 용역을 공급받고 교부받은 세금계산서 또는 계산서

   ③ 「부가가치세법」상 간이과세자로부터 재화 또는 용역을 공급받고 교부받은 세금계산서[注] (법통 116－158…1)

   [注] 따라서 간이과세자는 계산서 또는 영수증을 교부하여야 한다.

2. **가공매입세금계산서의 증명서류수취불성실가산세 적용 여부**(국심 2002부347, 2002.9.2.)

   복식부기의무자인 청구인이 자료상 등으로부터 수취한 사실과 다른 매입세금계산서상의 거래금액은 가공거래(가공매입)로서 거래 자체가 없어 증명서류를 수취할 수 없는 것으로 이는 매출원가 및 필요경비를 부인하여 과세표준을 다시 계산하고 신고불성실가산세 등

을 과세하면 충분한 것이지 달리 증명서류수취불성실가산세를 부과할 수는 없는 것이라 할 것이므로, 청구인이 자료상 등으로부터 수취한 매입세금계산서금액에 대해 처분청이 「소득세법」 제81조 제8항 규정을 적용하여 증명서류수취불성실가산세를 과세한 처분은 잘못인 것으로 판단됨.

[참고] 본 국세심판결정례는 가공매입세금계산서를 수취한 경우 증명서류수취불성실가산세 적용대상이라고 한 행정해석(재경부 소득 46073-160, 2000.10.4.; 제도 46011-12258, 2001.7.5.)에 대한 반대 판례임.

3. 수탁자로부터 차량의 매입에 대한 세금계산서를 수취하지 아니한 것에 대하여 증명서류수취불성실가산세 부과한 처분의 당부(국심 2003서136, 2003.5.2.)

수탁자는 청구법인의 위탁을 받아 쟁점 차량을 매입하여 청구법인에게 공급하였으므로 자신을 공급자로 하고 청구법인에게 쟁점 차량을 인도한 날을 공급시기로 하여 세금계산서를 교부하여야 하고, 또한 수탁자로부터 쟁점 차량을 공급받고 그 대가를 지급한 청구법인은 「법인세법」 제116조의 규정에 의하여 지출증명서류의 수취·보관의무를 지는 것임에도 청구법인이 수탁자로부터 지출증명서류인 세금계산서를 수취하지 아니하였으므로 「법인세법」 제76조 제5항의 규정에 의하여 증명서류수취불성실가산세를 부과한 처분은 달리 잘못이 없다고 판단됨.

4. 실물거래없이 교부받은 세금계산서를 사실과 다른 세금계산서로 보아 과세한 처분의 당부

(국심 2004서289, 2004.4.12.)

이건 거래는 청구법인, (주)○○○중심, (주)○○○의 3자간에 사전약정에 의해 이루어진 거래로서 물품공급 및 대금지급 등이 정상적인 것이 아니어서 공급자를 위장하기 위한 거래로 보이고 청구법인도 이러한 사실을 모르고 거래한 선의의 거래당사자로는 인정되지 아니하고, 청구법인이 (주)○○○과의 실제 거래를 입증하는 구체적인 증명자료의 제시가 없는 점으로 볼 때 당초 과세처분은 정당함.

5. 법인이 교부받은 매입세금계산서가 가공매입세금계산서로 밝혀지고 실제매입처가 확인되는 경우 가산세 부과 여부(서면2팀-1818, 2004.8.31.)

교부받은 매입세금계산서가 가공매입세금계산서로 밝혀지고 실제매입처가 확인되는 상황에서 실제거래처로부터 매입세금계산서를 수취하지 않은 사실에 대하여 「법인세법」 제76조 제5항의 규정에 의한 가산세를 적용하는 경우 가산세부과대상금액은 부가가치세가 포함된 총거래금액으로 하는 것이며, 해당 부가가치세상당의 금액에 대하여 증명서류수취불성실가산세가 적용된 경우라도 당초 세금계산서를 수취하지 아니하여 공제받지 못한 매입세액이라면 경정청구를 통하여 손금산입할 수 있는 대상에 해당하지 않음.

6. **회생판결을 받은 거래처로부터 세금계산서를 미수취한 경우 증명서류수취 불성실가산세 대상 여부**(서면-2023-소득-0281, 2023.11.21.)

세금계산서 교부의무가 있는 사업자가 용역을 공급하고 세금계산서를 발급하지 아니한 경우 그 용역을 공급받은 자는 매입자발행세금계산서를 교부받을 수 있으며, 용역을 공급받은 자가 매입자발행세금계산서를 교부받은 경우에는 「소득세법」 제81조의 6 제1항의 증명서류 수취 불성실 가산세 규정이 적용되지 않는 것임. ⓔ

(2) 계산서

1) 계산서의 내용

① 일반적인 경우

계산서는 「소득세법」 및 「법인세법」에 의하여 부가가치세가 면제되는 사업자가 재화나 용역을 공급할 때에 발급하는 거래증명서류로서 세금계산서와는 달리 부가가치세의 구분표시없이 순수한 공급가액만이 기재된다. 이러한 계산서는 부가가치세는 면제되지만 소득세나 법인세의 납세의무가 있는 사업자만이 발급할 수 있다. 정규증명서류로서 효력을 갖는 계산서는 「소득세법」 및 「법인세법」에 의하여 적법하게 발급된 계산서를 의미하므로 다음의 필요적 기재사항(소령 §211 ① 1호부터 4호)의 전부 또는 일부가 적히지 아니하거나 사실과 다르게 적힌 경우에는 증명서류수취불성실가산세가 적용된다. 다만, 필요적 기재사항 중 일부가 착오로 적힌 경우 다른 기재사항으로 보아 거래사실이 확인되는 경우에는 그러하지 아니한다.

가. 공급하는 사업자의 등록번호와 성명 또는 명칭

나. 공급받는 자의 등록번호와 성명 또는 명칭. 다만, 공급받는 자가 사업자가 아니거나 등록한 사업자가 아닌 경우에는 「소득세법」 제168조 제5항에 따른 고유번호 또는 공급받는 자의 주민등록번호로 한다.

다. 공급가액

라. 작성연월일

마. 기타 참고사항

② 위탁판매하는 경우

「부가가치세법」 제26조 제1항 제1호에 따라 부가가치세가 면제되는 농산물·축산물·수산물과 임산물의 위탁판매 또는 대리인에 의한 판매의 경우에는 수탁자 또는 대리인이 재화를 공급한 것으로 보아 계산서에 그 사실을 부기하여 그 재화를 공급받는 자에게 발급하여야 하나, 위탁자 또는 본인의 명의로 계산서 등을 발급하는 경우에는 그러하지 아니한다(법법 §121 ②, 법령 §164 ②, 소법 §163 ②, 소령 §212 ②·③·④).

참고 주요 면세대상 재화와 용역의 공급

구 분	내 용
(1) 기초생활 필수품·용역	① 미가공식료품(소금의 경우는 천일염 및 재제조된 염으로 식품에 한함) ② 우리나라에서 생산된 비식용 농·축·수·임산물(수입산은 과세) ③ 수돗물(생수는 과세) ④ 연탄과 무연탄(유연탄·갈탄·착화탄은 과세) ⑤ 여객운송용역(항공기, 우등고속버스, 전세버스, 택시, 자동차 대여, 특종선박, 고속철도 운송은 과세) ⑥ 우표(수집용 우표는 과세), 인지, 증지, 복권과 공중전화 ⑦ 주택과 법소정 범위 내 부수토지의 임대용역
(2) 국민후생관련 재화·용역	① 의료보건용역(산후조리원 포함)[일부의 미용성형수술, 애완동물진료용역, 의약품의 단순판매는 과세]과 혈액 ② 인가·허가받은 교육용역(무도학원·자동차운전학원, 무인가·무허가 교육용역은 과세)

구 분	내 용
(2) 국민후생관련 재화·용역	③ 여성용 생리처리 위생용품 ④ 공동주택관리주체 또는 입주자대표회의 등이 제공하는 공동주택 내 보육시설임대용역
(3) 문화관련 재화·용역	① 도서(도서대여용역 포함), 신문, 잡지, 관보, 통신(광고는 과세) ② 예술창작품, 예술행사, 문화행사, 비직업운동경기 ③ 도서관, 과학관, 미술관, 박물관, 동물원, 식물원의 입장
(4) 부가가치 구성요소	① 토지의 공급㊟(토지의 임대는 과세) ② 저술가·작곡가 등의 인적용역(변호사·공인회계사 등의 전문인적용역은 과세) ③ 일부의 금융·보험용역
(5) 기 타	① 국가·지방자치단체 또는 지방자치단체조합이 공급하는 일부의 재화·용역 ② 국가·지방자치단체·공익단체에 무상으로 공급하는 재화·용역 ③ 종교·자선·학술·구호 기타 공익을 목적으로 하는 단체가 공급하는 법소정의 재화·용역 ④ 국민주택의 공급과 국민주택 건설용역(리모델링 용역 포함)의 공급 ⑤ 국민주택규모이하 공동주택의 일반관리용역·경비용역 및 청소용역(국민주택 초과분 중 전용면적 135m² 이하분은 2025.12.31.까지 적용)

㊟ 2002.1.1. 이후 토지를 공급하는 분부터는 계산서의 작성·발급대상에서 제외되며(법법 §121 ④, 법령 §164 ③, 소법 §163 ④; 서이 46012-11627, 2002.8.30.), 영수증을 작성교부하여야 한다(소령 §211 ② 4호).

관련 예규

1. 시설대여업자의 계산서 작성·교부의무

「여신전문금융업법」에 의한 시설대여업자가 「조세특례제한법 시행규칙」 제3조의 2에 따른 금융리스 이외의 리스(운용리스)를 실행하고 리스이용자로부터 리스료를 수취하는 경우에는 계산서를 작성하여 리스이용자에게 교부하여야 한다(법통 21-164…6).

2. 계산서에 준하는 영수증의 범위(소득 46011-267, 2000.2.22.)

① 부가가치세면세사업자가 재화 또는 용역을 공급하고 계산서를 작성·교부함에 있어서 「소득세법 시행령」 제211조 제1항 각 호에 게기하는 필요적 기재사항이 기재된 서식을 국세청장에게 신고 후 사용하는 경우 당해 서식은 계산서서식을 대신할 수 있는 것이며, 동 지로영수증은 「소득세법」 제160조의 2 제2항 제1호에 규정하는 계산서로 인정되는 것임.

② 집합건물의 구분소유자들이 「집합건물의 소유 및 관리에 관한 법률」 제23조에 규정한 관리단을 구성하여 자치적으로 건물을 관리하고 그 관리에 소요된 비용만을 각 입주자 등에게 분배하여 징수하는 경우에는 부가가치세가 과세되지 아니하는 것으로 종전 「부가가치세법」 제16조의 규정에 의한 세금계산서를 교부할 수 없는 것임.
다만, 건물의 자치관리와 관련하여 재화 또는 용역을 공급받고 관리단의 명의로 세금계산서를 교부받은 경우에는 종전 같은 법 시행규칙 제18조의 규정에 의하여 당해 세금계산서의 공급가액범위 내에서 그 비용을 실질적으로 부담하는 입주자 등을 공급받는 자로하여 세금계산서를 교부할 수 있는 것임.

3. 공급시기가 경과한 이후에 계산서를 수취하는 경우 가산세 적용

(법인 46012-1804, 2000.8.23.)

법인이 부가가치세가 면제되는 재화 또는 용역을 다른 법인에게 공급하고 동 재화 또는 용역의 공급시기가 경과한 이후에 계산서를 작성·교부한 경우에는 종전 「부가가치세법 시행령」 제54조의 준용규정에 따라 월합계로 계산서를 교부하는 경우를 제외하고는 「법인세법」 제76조 제9항의 가산세규정이 적용되는 것이며, 이 경우 동 재화의 용역을 공급받고 계산서를 교부받은 법인에 대하여는 위 가산세규정이 적용되지 아니함.

4. 비영리법인의 수익사업용 자산매각의 경우(재경부 법인 46012-117, 2001.6.13.)

비영리내국법인이 「법인세법 시행령」 제2조 제1항의 규정에 의한 수익사업에 사용하던 고정자산을 처분하면서 「법인세법」 제121조 제1항의 규정에 의한 계산서를 교부하지 아니한 경우 「법인세법」 제76조 제9항의 규정에 의한 가산세를 적용하지 아니함.

5. 연구개발용역을 공급하고 그 대가를 받는 경우 계산서교부대상인지 여부

(서이 46012-10636, 2002.3.27.)

정보통신부가 시행하는 정보통신산업기술개발사업의 주관연구기관으로 선정된 영리법인이 동 사업의 관리기관인 정보통신연구진흥원에게 연구개발용역을 공급하고 그 대가를 받는 경우 「법인세법」 제121조 제1항의 규정에 의한 계산서를 작성하여 공급받는 자에게 교부하여야 하는 것이나, 동 연구개발용역이 「부가가치세법」 제1조의 규정에 의한 부가가치세과세대상으로서 같은 법 제16조의 규정에 의한 세금계산서를 작성·교부한 경우에는 「법인세법」 제121조 제1항의 규정에 의한 계산서를 작성·교부한 것으로 보는 것임.

6. 조합원을 위해 공급받은 용역을 조합명의로 일괄하여 계산서를 교부받은 경우 동 조합이 조합원을 공급받는 자로 하여 계산서교부 가능 여부(서이 46012-11599, 2003.9.3.)

동업자가 조직한 조합 또는 이와 유사한 단체가 그 조합원 기타 구성원을 위하여 부가가치세가 면제되는 재화 또는 용역을 공급받고 당해 계산서를 조합 등의 명의로 교부받은 경우에는 종전 「부가가치세법 시행규칙」 제18조의 규정을 준용하여 그 교부받은 계산서의 공급가액의 범위 내에서 재화 또는 용역을 실지로 사용·소비하는 조합원 등을 공급받는 자로 하여 계산서를 교부할 수 있는 것임.

7. 부가가치세신고시 매입처별계산서합계표를 제출 후 법인세신고시 미제출한 경우 가산세적용 여부(서이 46012-11989, 2003.11.19.)

법인이 「법인세법」 제76조 제9항의 규정을 적용함에 있어서 종전 「부가가치세법 시행령」 제62조 제3항의 규정에 의하여 부가가치세예정신고 또는 확정신고와 함께 매입처별계산서합계표를 납세지관할세무서장에게 제출한 경우에는 「법인세법」 제121조 제5항의 규정에 의하여 제출한 것으로 보아 가산세를 적용하지 아니하는 것인.

8. 금융기관 보험대리점의 영수증교부대상 금융 및 보험업 해당 여부 및 계산서교부의무가 있는지 여부(서이 46012-12133, 2003.12.16.; 서면2팀-826, 2004.4.20.)

보험업법 제91조의 규정에 의한 금융기관 보험대리점을 포함한 보험업법상의 보험대리점이 한국표준산업분류상 금융 및 보험업에 해당하는 경우, 당해 금융보험업을 영위하는 법인이 제공하는 금융보험용역에 대하여는 「소득세법 시행규칙」 제96조의 2의 규정에 의하여 영수증을 교부할 수 있는 것이나, 당해 보험대리점으로부터 재화 또는 용역을 공급받은 사업자가 사업자등록증을 제시하고 계산서의 교부를 요구하는 때에는 계산서를 교부하여야 하는 것임.

9. 주택임대사업자가 개인 또는 법인에게 임대용역제공시 영수증교부가 가능한지 여부
(서이-240, 2004.2.18.)

주택의 임대업을 영위하는 법인이 사업자가 아닌 개인에게 주택임대용역을 제공하는 경우 「법인세법 시행령」 제164조 및 「소득세법 시행령」 제211조 규정에 따라 영수증을 교부할 수 있는 것이나, 주택임대용역을 제공받는 자가 법인인 경우에는 계산서를 교부하여야 하는 것임.

10. 부동산취득시 착오로 교부받은 계산서미제출시 가산세 적용 여부

(서면2팀-1690, 2004.8.16.)

토지 및 건축물의 공급에 대하여는 「법인세법」 제121조 제4항의 규정에 의하여 계산서의 작성·교부의무가 없는 것이므로 법인이 토지 및 건축물을 구입하면서 착오로 교부된 계산서를 교부받아 이에 대한 매입처별계산서합계표를 제출하지 아니한 경우에도 같은 법 제76조 제9항의 규정에 의한 가산세를 적용하지 아니하는 것임.

11. 계산서 교부일이 용역의 공급시기 전에 교부받은 것인 경우(서면2팀-956, 2007.5.17.)

건설용역을 공급받은 법인이 거래처로부터 「법인세법」 제121조의 규정에 의한 계산서를 교부받고 매입처별계산서합계표를 같은 법 시행령 제164조 제4항에서 정한 기한 내에 납세지관할세무서장에게 제출하였으나 당해 계산서 교부일이 용역의 공급시기 전에 교부받은 것으로 확인된 경우, 용역의 공급시기와 계산서 교부일이 같은 연도에 해당되어 매입처별계산서합계표에 기재된 거래처별 매입가액 합계액이 적정한 때에는 당해 법인에 대하여 같은 법 제76조 제9항의 가산세 규정을 적용하지 아니하는 것임.

12. 산업기술기반조성사업을 수행하기 위하여 소요경비를 용역제공에 대한 대가관계 없이 부담금을 지급받는 경우(서면2팀-1217, 2008.6.17.)

한국표준협회가 「산업기술혁신 촉진법」에 따라 산업기술기반조성사업을 수행하기 위하여 참여기관으로부터 관련 소요경비를 용역제공에 대한 대가 관계없이 (민간)부담금을 지급받는 경우 당해 금액에 대하여는 「법인세법」 제121조의 규정에 의한 계산서 작성 · 교부의무가 없는 것임.

13. 국내사업자(甲법인)가 외국사업자로부터 공장인도조건으로 국외에서 물품을 구입함과 동시에 국내의 다른 사업자(乙법인)에게 공급하고 乙법인이 해당 물품을 국내에 반입하는 경우(법인세과-445, 2011.7.6.; 법인세과-648, 2010.7.9.)

국내사업자(甲법인)가 외국사업자(A법인)로부터 공장인도조건으로 국외에서 물품을 구입함과 동시에 국내의 다른 사업자(乙법인)에게 공급하고, 乙법인이 해당 물품을 국내에 반입하는 경우 甲법인이 乙법인에게 국외에서 인도하는 해당 재화의 공급거래에 대하여 「법인세법」 제121조 제1항에 따라 계산서를 작성·교부하여야 하는 것임.

14. 국내계약에 의하여 국외에서 재화의 이동이 이루어진 경우

(법인세과-748, 2011.10.12.; 서면1팀-528, 2008.4.15.)

국내사업자(A)가 국외사업자(Z)에게 공급할 목적으로 국내사업자(B)와의 계약에 의거 물품을 공급받기로 하고 'B'는 당해 물품을 국외사업자(Y)로부터 구매하여 국내에 반입하지 아니하고 'A'가 지정하는 'Z'에게 인도하는 경우로서 'B'가 국외에서 인도하는 재화의 공급거래에 대하여 「소득세법」 제163조 및 같은 법 시행령 제211조에 따라 계산서를 작성·교부하여야 하는 것임.

15. **내국법인이 수입통관 전에 면세물품을 국내의 다른 법인에게 양도하는 경우 양수자에 대한 계산서 교부방법**(법인세과-813, 2011.10.26.; 법규과-1363, 2011.10.18.)

내국법인이 수입통관 전 면세물품에 대한 선하증권을 국내의 제3자에게 양도하고 해당 선하증권을 양수한 자가 수입통관하는 경우의 계산서 교부대상 금액은 선하증권 양도가액에서 세관장이 「법인세법」 제121조 제3항에 따라 교부한 계산서 가액을 차감한 금액으로 하거나 선하증권 양도가액으로 할 수 있는 것임.

16. **국내사업자간의 국외거래시 계산서 발급의무**(서면법인-3693, 2020.4.9.)

국내법인과 재화매입 계약을 하고 외국사업자로부터 공장인도조건으로 해외에서 물품을 인도받을 때, 법인이 당해 물품에 대한 수입절차를 이행하고 세관장으로부터 수입세금계산서를 교부받는 경우 공급하는 자는 계산서 발급의무가 있으나 공급받는 자는 지출증빙 미수취 가산세 적용 대상이 아님.

17. **아파트 관리비에 대하여 계산서를 수취한 경우 가산세 적용 여부**(서면법인-3575, 2020.6.19.)

내국법인이 「국세기본법」 제13조에 따라 법인으로 보는 단체로 승인을 받은 아파트 입주자대표회의에 「법인세법 시행령」 제3조 제1항의 수익사업과 관련이 없는 아파트 관리비를 지급하고 계산서를 수취하여 매입처별계산서합계표로 제출한 경우 같은 법 제75조의 5 '증명서류 수취 불성실 가산세' 및 제75조의 8 '계산서 등 제출 불성실 가산세'가 적용되지 않음.

18. **내국법인이 국외사업자에게 원재료를 무환반출하여 위탁가공한 완제품을 국외에서 다른 내국법인에게 인도하는 경우**(사전-2020-법령해석법인-0663, 2020.10.8.)

내국법인(A법인)이 다른 내국법인(B법인)과의 물품공급계약에 따라 국외사업자에게 원재료를 대가없이 반출하여 위탁가공한 완제품을 국외에서 B법인에 인도하는 경우, A법인은 B법인에게 해당 완제품 전체 공급가액에 대하여 「법인세법」 제121조에 따라 계산서를 발급하여야 하는 것임.

2) 전자계산서의 발급

① 발급대상 사업자

다음 각 호의 어느 하나에 해당하는 사업자가 계산서를 발급할 때에는 전자적 방법으로 작성한 계산서(이하 "전자계산서"라 한다)를 발급해야 한다(소법 §163 ① 후단, 소령 §211의 2 ②, 법법 §121 ① 후단).

가. 법인

나. 「부가가치세법」 제32조 제2항에 따른 전자세금계산서를 발급해야 하는 개인사업자[직전연도의 사업장별 재화 및 용역의 공급가액(면세공급가액을 포함한다)의 합계액이 0.8억원 이상인 개인사업자]

다. '나.' 외의 개인사업자로서 직전과세기간의 사업장별 총수입금액이 0.8억원 이상인 개인면세사업자(그 이후 과세기간의 사업장별 총수입금액이 0.8억원 미만이 된 사업자를 포함한다)

[참고] 개인사업자의 전자(세금)계산서 의무발급적용시기(부령 §68, 소령 §211의 2)

사업장별 재화 · 용역의 공급가액(총수입금액)의 적용기준	의무발급적용시기
2013.1.1.이 속하는 과세기간 : 3억원 이상	2014.7.1. 이후 재화 또는 용역을 공급하는 분부터
2021.1.1.이 속하는 과세기간 : 2억원 이상	2022.7.1. 이후 재화 또는 용역을 공급하는 분부터
2022.1.1.이 속하는 과세기간 : 1억원 이상	2023.7.1. 이후 재화 또는 용역을 공급하는 분부터
2023.1.1.이 속하는 과세기간 : 0.8억원 이상	2024.7.1. 이후 재화 또는 용역을 공급하는 분부터

② 전자계산서 발급명세의 전송

전자계산서 발급대상사업자가 전자계산서를 발급하였을 때에는 전자계산서 발급일의 다음날까지 위 '1)'의 '①'에서 설명한 계산서의 필요적 기재사항을 기재한 전자계산서 발급명세를 국세청장에게 전송하여야 한다(소법 §163 ⑧, 소령 §211의 2 ④·⑤, 법법 §121 ⑦, 법령 §164 ⑤).

3) 세관장의 계산서 발급

수입하는 재화에 대하여는 세관장이 수입자에게 계산서를 발급하여야 한다(소법 §163 ③, 법법 §121 ③).

4) 영수증의 발급

다음 각 호의 어느 하나에 해당하는 경우에는 계산서 발급규정에도 불구하고 영수증을 발급할 수 있다. 다만, 재화 또는 용역을 공급받은 사업자가 사업자등록증을 제시하고 계산서의 발급을 요구하는 때에는 계산서를 발급하여야 한다(소령 §211 ②).

① 「부가가치세법」 제36조 제1항 제1호 및 같은 법 시행령 제73조 제1항 및 제2항을 적용받는 사업(영수증교부대상사업)

② 「부가가치세법」 제36조 제1항 제1호 및 같은 법 시행령 제73조 제1항 및 제2항에 규정된 사업으로서 부가가치세가 면제되는 사업

③ 주로 사업자가 아닌 소비자에게 재화 또는 용역을 공급하는 사업으로서 다음 각 호의 1에 해당하는 사업. 다만, 아래 '나.'부터 '사.'까지에 해당하는 사업은 직접 최종소비자에게 재화 또는 용역을 공급하는 경우에 한한다(소칙 §96의 2).

가. 금융 및 보험업

나. 사업시설관리 및 사업지원서비스업

다. 교육서비스업

라. 보건업 및 사회복지서비스업

마. 예술, 스포츠 및 여가 관련 서비스업

바. 협회 및 단체, 수리 및 기타 개인서비스업

사. 가구 내 고용활동에서 발생하는 소득

아. 그밖에 위 '가.'부터 '사.'까지와 유사한 사업으로서 계산서 발급이 불가능하거나 현저히 곤란한 사업

④ 토지 및 건축물을 공급하는 경우

⑤ 「조세특례제한법」 제106조 제1항 제6호의 규정에 의한 재화 또는 용역 중 다음 각 호의 어느 하나에 해당하는 것을 공급하는 경우(법령 §164 ⑧)

가. 「항만공사법」에 의한 항만공사가 공급하는 동법 시행령 제13조 제1항 제1호 나목의 규정에 의한 화물료 징수용역

나. 그밖에 거래금액 및 거래건수 등을 감안하여 기획재정부령이 정하는 재화 또는 용역(아직 정한 바 없다)

5) 계산서발급의무의 면제 등

① 부동산매각의 경우

토지 및 건축물과 그 각각의 분양권을 공급하는 분부터는 계산서 등의 발급대상이 되지 아니한다(법법 §121 ④, 법령 §164 ③).

그러나 실무적으로 부가가치세 과세사업자가 건축물을 공급하는 경우에는 「부가가치세법」의 규정에 따라 세금계산서를 발급해야 할 것이다. 따라서 이 규정은 토지에 한하여 적용된다 할 것이다. 물론 토지는 기업회계상 고정자산뿐만 아니라 재고자산도 포함되며(서이 46012-11627, 2002.8.30.), 토지의 매각시는 위 '4)의 ③'의 규정에 따라 영수증을 발급하여야 한다.

② 기타 재화 또는 용역의 경우

다음의 재화 또는 용역의 공급에 대하여는 계산서 또는 영수증을 발급하지 아니할 수 있다(법령 §164 ①, 소령 §211 ④).

가. 노점상인, 행상인 또는 무인판매기를 이용하여 재화를 공급하는 자가 공급하는 재화 또는 용역

나. 「부가가치세법」 제26조 제1항 제7호의 용역 중 시내버스에 의한 용역

다. 국내사업장이 없는 비거주자 또는 외국법인과 거래되는 재화 또는 용역. 다만, 「법인세법」 제94조의 2 제1항에 따른 외국법인연락사무소와 거래되

는 재화 또는 용역은 제외한다.

라. 기타 「부가가치세법」 제36조 제1항 제1호, 「부가가치세법 시행령」 제71조 및 제73조의 규정에 의하여 세금계산서 또는 영수증 발급이 면제되는 재화 또는 용역

③ 계산서발급의 의제

개인사업자가 「소득세법」 제144조의 규정에 의하여 원천징수대상에 해당되는 용역을 공급받는 자로부터 원천징수영수증을 발급받는 것에 대하여는 계산서를 발급한 것으로 본다(소령 §211 ⑤).

6) 계산서합계표의 제출

법인 또는 개인사업자는 발급하였거나 발급받은 계산서의 매출·매입처별 합계표(이하 "매출·매입처별 계산서합계표"라 한다)를 매년 2월 10일(외국법인은 매년 2월 19일)까지 납세시관할세무서장에게 제출하여야 한다. 다만, 다음 각 호의 어느 하나에 해당하는 계산서의 합계표는 제출하지 아니할 수 있다(소법 §163 ⑤, 법법 §121 ⑤).

① 세관장으로부터 계산서를 발급받은 법인 또는 개인사업자는 그 계산서의 매입처별 합계표

② 전자계산서를 발급하거나 발급받고 전자계산서 발급명세를 국세청장에게 전송한 경우에는 매출·매입처별 계산서합계표

이 경우 「부가가치세법」에 따라 세금계산서 또는 영수증을 작성·발급하였거나 매출·매입처별 세금계산서합계표를 제출한 분에 대하여는 계산서를 작성, 발급하고 매출·매입처별 계산서합계표를 제출한 것으로 본다(소법 §163 ⑥, 법법 §121 ⑥).

(3) 신용카드 매출전표

1) 신용카드 매출전표의 범위

신용카드매출전표는 재화나 용역을 공급받는 사업자가 그 대금결제의 수단으로 「여신전문금융업법」에 의한 신용카드로 결제하고 발부받는 영수증으로 그 대금지급을 신용카드업자에게 일괄 지급함으로써 그 내역이 과세자료로 활용이 된다. 신용카드에는 신용카드와 유사한 것으로 다음(이하 "직불카드 등"이라 한다)을 사용하는 것도 포함된다(법령 §158 ③, 소령 §208의 2 ②).

① 「여신전문금융업법」에 의한 직불카드

② 외국에서 발행된 신용카드

③ 「조세특례제한법」 제126조의 2 제1항에 따른 기명식선불카드, 직불전자 지급수단, 기명식선불전자지급수단 또는 기명식전자화폐

2) 개인카드의 허용 여부

① 기업업무추진비*의 경우

* 접대비가 기업업무추진비로 용어가 변경되었다. 변경내용은 2024.1.1.부터 적용한다.

기업업무추진비의 경우로서 지출건당 3만원(경조금의 경우에는 20만원)을 초과하는 기업업무추진비는 법인카드로 사용한 경우에만 인정된다. 따라서 지출건당 3만원(경조금의 경우에는 20만원)을 초과하는 금액에 대하여 정규증명서류를 수취하지 아니하면 법인소득금액계산상 손금불산입한다. 이 경우 법인개별카드(개인형 법인카드)는 법인카드로 간주한다(법인 46012-2098, 2000.10.12.).

② 기업업무추진비 외의 지출의 경우

신용카드는 법인사업자의 법인명의나 개인사업자의 대표자 명의의 신용카드를 사용하여야 한다.

그러나 종업원 개인명의의 신용카드를 법인의 사업과 관련된 거래에 사용하고 그 증명서류로서 신용카드매출전표를 수취한 것이 확인된 경우에는 증명서류수취 불성실가산세가 적용되지 아니하고, 종업원 개인명의의 신용카드를 법인의 사업과 관련하여 사용하였는지 여부는 거래의 실질내용에 따라 사실 판단한다(법인 46012－4178, 1999.12.4.).

한편, 해당 종업원에 대한 근로소득의 연말정산의 경우 「조세특례제한법」 제126조의 2의 규정에 의한 '신용카드 등 사용금액에 대한 소득공제'를 적용함에 있어 해당 법인의 비용에 해당하는 금액은 해당 종업원의 신용카드 사용금액으로 보지 아니한다(조특법 §126의 2 ④ 1호).

[임직원명의 신용카드에 관한 예규]

1. 법인이 「파견근로자보호 등에 관한 법률」 제2조 제5호에 따른 파견근로자 명의의 신용카드를 사용하여 지출한 것이 당해 법인의 업무와 직접 관련된 비용으로 인정되는 경우 동 지출액은 법인의 손금에 산입되는 것이고 파견근로자가 수취한 신용카드 매출전표는 「법인세법」 제116조 제2항에 따른 정규지출증명서류로 인정된다(서면-2016-법령해석법인-3525, 2017.5.22.).
2. 내국법인이 업무와 관련된 비용을 임직원 명의의 신용카드로 지출하고 신용카드 매출전표를 받은 경우로서 임직원 명의의 신용카드 거래정보를 「여신전문금융업법」에 의한 신용카드업자로부터 전송받지 않는 경우에는 지출증명서류를 수취하여 보관하여야 한다(서면법인-1237, 2019.9.18.).

3) 신용카드매출전표 및 직불카드 등의 수취 및 보관특례

다음 각 호의 어느 하나에 해당하는 증빙을 보관하고 있을 경우에는 신용카드매출전표 또는 직불카드 등의 증명서류를 수취 및 보관하는 것으로 본다(법령 §158 ④).

① 「여신전문금융업법」에 의한 신용카드업자로부터 교부받은 신용카드 및 직불카드 등의 월별이용대금명세서

② 「여신전문금융업법」에 의한 신용카드사업자로부터 전송받아 전사적자원관리시스템(ERP)에 보관하고 있는 신용카드 및 직불카드 등의 거래정보(「국세기본법 시행령」 제65조의 7[종]의 요건을 충족하는 경우에 한한다)

㊟ 「국세기본법 시행령」 제65조의 7【장부 등의 비치와 보존】

① 「국세기본법」 제85조의 3 제3항에서 "대통령령이 정하는 기준"이라 함은 다음 각 호의 요건을 말한다.

1. 자료를 저장하거나 저장된 자료를 수정·추가 또는 삭제하는 절차·방법 등 정보보존 장치의 생산과 이용에 관련된 전자계산조직의 개발과 운영에 관한 기록을 보관할 것
2. 정보보존장치에 저장된 자료의 내용을 쉽게 확인할 수 있도록 하거나 이를 문서화할 수 있는 장치와 절차가 마련되어 있어야 하며, 필요시 다른 정보보존장치에 복제가 가능하도록 되어 있을 것
3. 정보보존장치가 거래내용 및 변동사항을 포괄하고 있어야 하며, 과세표준과 세액을 결정할 수 있도록 검색과 이용이 가능한 형태로 보존되어 있을 것

참고 개인사업자의 신용카드매출전표 등의 수취 및 보관특례

1. 다음 각 호의 어느 하나에 해당하는 증명자료를 보관하고 있는 경우에는 신용카드매출전표 및 현금영수증을 수취하여 보관하고 있는 것으로 본다(소령 §208의 2 ④).
   ① 다음 각 목의 어느 하나에 해당하는 사업자(이하 "신용카드업자 등"이라 한다)로부터 교부받은 신용카드 월별이용대금명세서 및 「조세특례제한법」 제126조의 2 제1항 제4호에 따른 기명식 선불카드의 월별이용대금명세서
      가. 「여신전문금융업법」에 따른 신용카드업자
      나. 「전자금융거래법」에 따른 전자금융업자
      다. 「신용협동조합법」에 따른 신용협동조합중앙회
      라. 「상호저축은행법」에 따른 상호저축은행중앙회
   ② 신용카드업자 등으로부터 전송받아 전사적자원관리시스템에 보관하고 있는 신용카드, 현금영수증, 직불카드 및 「조세특례제한법」 제126조의 2 제1항 제4호에 따른 기명식선불카드, 직불전자지급수단, 기명식선불전자지급수단, 기명식전자화폐의 거래정보(「국세기본법 시행령」 제65조의 7 각 호의 요건을 충족하는 경우만 해당한다)
2. 다음 각 호의 어느 하나에 해당하는 지출증거자료에 대하여는 「소득세법」 제160조의 2 제1항(지출증명수취 및 보관규제)에도 불구하고 보관하지 아니할 수 있다(소령 §208의 2 ⑤).
   ① 현금영수증
   ② 국세청 현금영수증홈페이지에 사업용신용카드로 등록한 신용카드 매출전표
   ③ 화물운전자 복지카드 매출전표
   ④ 「소득세법」 제163조 제8항에 따라 발급명세서가 전송된 전자계산서

1. 월별이용대금을 일괄통보하는 경우 신용카드매출전표의 지출증명서류 인정 여부

(법인 46012-133, 2000.1.14.)

「법인세법」 제116조 제2항 제1호의 규정을 적용함에 있어서 여신전문금융업법에 의한 신용카드업자가 신용카드이용법인의 신용카드사용내역을 월별로 일괄하여 통보하는 경우, 당해 통보서에 의하여 신용카드의 이용자·재화 또는 용역을 공급한 자·이용일자·이용금액 및 이용내역 등 여신전문금융업법에 의한 매출전표의 기재내용을 확인할 수 있는 경우에는 같은 규정에 의한 지출증명서류로 볼 수 있는 것임.

2. 매출전표 대신 신용카드거래정보를 ERP시스템에 보관시 적법한 지출증명서류 여부

(재경부 법인 46012-141, 2002.9.5.)

회사의 업무상 비용을 법인신용카드로 지출하고 신용카드사로부터 신용카드거래정보를 전송받아 ERP(Enterprise Resource Planning)시스템에 보관하는 경우 당해 신용카드거래정보가 신용카드매출전표의 내용을 포함하고 임의적인 수정, 추가 및 삭제가 불가능하도록 수정, 추가 및 삭제시 그 사실과 내용이 확인가능한 형태로 보관되는 등 국세기본법시행령 제65조의 7의 요건을 충족하면 「법인세법」 제116조 제2항 제1호의 '신용카드매출전표'로 인정되어 원본은 보관하지 않아도 되는 것임.

3. 지출증명서류 해당 여부(서이 46012-10702, 2003.4.3.)

법인이 신용카드이용대금을 대금결제일 이전에 결제하고 신용카드업자로부터 신용카드사용내역을 확인할 수 있는 선결제내역조회서를 교부받은 경우 동 선결제내역조회서는 「법인세법 시행령」 제158조 제4항에서 규정하는 신용카드 월별이용대금명세서에 해당하는 것임.

4. 지급결제문서 및 거래증명서류를 전산조직을 이용하여 작성하여 정보보존장치에 보존하는 경우 장부 등의 비치·이행 해당 여부 및 원본을 보관하여야 하는지 여부

(서삼 46019-11334, 2003.8.20.)

가. 지급결제문서를 전산조직을 이용하여 작성한 경우 그 자체가 원본이므로 「국세기본법 시행령」 제65조의 7에서 정하는 기준에 적합하도록 정보보존장치에 보존하거나 회사의 업무상 비용을 법인신용카드로 지출하고 신용카드사로부터 신용카드거래정보를 전송받아 동 거래정보를 「국세기본법 시행령」 제65조의 7에서 정하는 기준에 적합하도록 정보보존장치에 보존하는 경우 모두 「국세기본법」 제85조의 3에서 정하는

장부 등의 비치 및 보존의무를 이행하는 것이 되나,

나. 문서로 받은 증명서류(신용카드매출전표, 매입세금계산서 등)를 스캐너나 키보드를 통하여 전산입력하여 정보보존장치에 보존하는 경우 원본증명서류를 반드시 같이 보존하여야 장부 등의 비치 및 보존의무를 이행하는 것이 됨.

다. 법인이 사업과 관련된 거래증명서류(신용카드매출전표, 매입세금계산서, 계산서 등)를 수취하여 스캐너나 키보드를 통하여 전산입력하여 정보보존장치에 보존하는 경우에도 증명서류의 원본은 「법인세법」 제116조의 규정에 의하여 보관하여야 하는 것이나,

라. 여신전문금융업법에 의한 신용카드업자로부터 신용카드거래정보를 전송받아 동 거래정보를 국세기본법시행령 제65조의 7의 규정에서 정하는 기준에 적합하도록 정보보존장치에 보관하는 경우에는 「법인세법 시행령」 제158조 제4항의 규정에 의하여 신용카드매출전표원본을 보관하고 있는 것으로 보는 것임.

5. **선불교통카드 충전을 위한 금액의 지출증명서류 인정 여부**(법인세과-528, 2009.5.4.)

내국법인이 선불교통카드의 충전을 위해 지출한 금액은 「법인세법」 제116조의 지출증명서류 수취 및 보관규정이 적용되지 않는 것임.

6. **신용카드업자로부터 발급받는 신용카드 사용내역 확인서의 신용카드 월별이용대금명세서에 해당 여부**(서면2014법인세과-21936, 2015.5.28.)

법인이 법인카드를 사용하여 경비를 지출하고, 신용카드 이용에 따른 증명용으로 법인카드번호, 거래일시, 공급금액, 승인번호, 가맹점명, 가맹점 사업자번호 등이 구체적으로 기재되어 있는 등 신용카드 사용내역을 확인할 수 있는 신용카드 사용내역 확인서를 신용카드업자로부터 발급받는 경우에 동 신용카드 사용내역확인서는 「법인세법 시행령」 제158조 제4항에서 규정하는 신용카드 월별이용대금명세서에 해당함.

7. **신용카드 월별이용대금명세서의 범위 및 보관**(서면-2021-법인-2033, 2021.4.27.)

신용카드사로부터 전송받은 신용카드 이용내역 엑셀자료는 「법인세법 시행령」 제158조 제4항 제1호에 따른 월별이용대금명세서에 해당하지 않는 것으로, 신용카드업자로부터 발급받은 신용카드 이용대금명세서를 보관하는 경우에 같은 조 제4항의 증빙에 해당하여 신용카드매출전표를 수취하여 보관하고 있는 것으로 봄.

(4) 현금영수증

1) 현금영수증의 내용

현금영수증이라 함은 현금영수증가맹점이 재화 또는 용역을 공급하고 그 대금을 현금으로 받는 경우 당해 재화 또는 용역을 공급받는 자에게 현금영수증 발급장치에 의해 발급하는 것으로서 거래일시·금액 등 결제내역이 기재된 영수증을 말한다(조특법 §126의 3 ④).

2) 현금영수증으로 보는 현금거래사실의 확인

① 현금거래의 확인 등

대통령령으로 정하는 사업자로부터 재화 또는 용역을 공급받은 자가 그 대가를 현금으로 지급하였으나 「조세특례제한법」 제126조의 3 제4항에 따른 현금영수증을 발급받지 못한 경우에는 「조세특례제한법 시행령」 제121조의 5에서 정하는 바에 따라 현금거래사실에 관하여 관할세무서장의 확인을 받은 때에는 현금영수증을 교부받은 것으로 본다(조특법 §126의 5 ①).

② 현금거래의 확인대상사업자

대통령령으로 정하는 사업자라 함은 「조세특례제한법」 제126조의 2에 따라 사용금액에 대하여 소득공제를 받을 수 있는 재화나 용역을 제공하는 사업자를 말한다(조특령 §121의 5 ①).

제3절 거래상대방의 범위

1. 사업자의 범위

정규증명서류에 관련된 규정은 거래상대방이 사업자인 경우에 적용되며 거래상대방이 사업자가 아닌 경우에는 적용되지 아니한다. 이 경우 사업자 여부는 사실상의 사업자를 말하며 사업자등록이 되어 있지 아니하다는 이유만으로 사업자의 범위에서 제외하여서는 아니될 것이다.

세법에서 규정하는 사업자의 범위는 다음과 같다(법령 §158 ①).

1. 법인. 다만, 다음의 거래는 제외 ① 비영리법인의 비수익사업과 관련된 거래 ② 국가와 지방자치단체와의 거래 ③ 금융·보험업영위 법인과의 금융·보험용역거래 ④ 국내사업장이 없는 외국법인과의 거래 2. 「부가가치세법」 제3조에 따른 사업자 －읍·면지역의 법소정의 간이과세자로서 신용카드가맹점 또는 현금영수증가맹점이 아닌 사업자는 제외 3. 「소득세법」의 규정에 의한 사업자 －국내사업장이 없는 비거주자와의 거래는 제외

이하 사업자의 범위에 대하여 자세히 설명하기로 한다.

(1) 법인

법인의 범위에는 내국법인, 외국법인의 구분이 없다. 다만, 다음 각 호의 어느 하나에 해당하는 법인은 제외된다(법령 §158 ① 1호).

즉, 다음 각 호의 어느 하나에 해당하는 법인과의 거래에 있어서는 위 정규증명서류를 수취하지 아니하여도 가산세의 규정이 적용되지 아니한다.

① 비영리법인

비영리법인과의 거래에 대하여는 정규증명서류의 수취의무가 없다. 다만, 「법인세법 시행령」 제3조 제1항의 규정에 해당하는 수익사업과 관련된 부분은 정규증명서류를 수취하여야 한다.

사례 조합비, 협회비, 노동조합의 복지기금, 기부금

관련 예규

1. **동업자단체로부터 공동구매하는 경우**(법인 46012－1338, 2000.6.9.)

법인이 동일업종을 영위하는 다른 법인과 함께 조직한 동업자단체인 비영리법인으로부터 당해 비영리법인이 회원사를 위하여 공동구매한 재화 또는 용역을 사전약정에 따라 분배받고 그 대가로 지급한 금액에 대하여는 위 지출증명서류 수취관련 규정을 적용하지 아니하는 것이나, 이 경우 공동구매한 재화 또는 용역에 대한 지출증명서류는 동 비영리법인이 수취하여야 하는 것임.

2. **동문회 등이 발간하는 회보 등에 광고를 게재하는 대가에 대한 지출증명서류**
(법인 46012－1338, 2000.6.9.)

법인이 사업자가 아닌 동문회 또는 학교학생회 등이 발간하는 회보 및 행사지 등에 광고를 게재하는 대가로 회보발간비 및 행사비를 지원하는 경우에도 위 지출증명서류 관련 규정을 적용하지 아니하는 것임.

3. **수익사업과 비수익사업을 겸영하는 비영리법인의 증명서류 수취의무**
(법인 46012－269, 2001.2.1.)

수익사업과 비수익사업을 겸영하는 비영리법인이 수익사업과 관련하여 사업자로부터 재화나 용역을 공급받은 경우에 지출증명서류를 수취하여야 하는 것으로 이를 수취하지

아니한 경우에는 가산세를 납부하여야 하는 것이나, 비수익사업의 운영과 관련하여 사업자로부터 재화나 용역을 공급받는 경우에는 그러하지 아니하는 것임.

4. 비영리법인의 보조금정산서가 지출증명서류에 해당하는지 여부

(서이 46012-10356, 2001.10.15.)

가. 「법인세법 시행령」 제2조 제1항의 수익사업을 영위하지 아니하는 비영리법인이 「법인세법」 제116조 제2항 각 호의 1에 해당하는 지출증명서류를 수취 및 보관하지 아니하는 경우에는 같은 법 시행령 제120조 제2항 제2호의 규정에 의하여 「법인세법」 제76조 제5항 및 제9항의 가산세가 징수되지 아니하는 것이나, 비영리법인에게 재화 또는 용역을 공급하는 사업자는 종전 「부가가치세법」 제16조의 규정에 의한 세금계산서 또는 「소득세법」 제163조 및 「법인세법」 제121조의 규정에 의한 계산서를 교부하여야 하는 것이며 이를 교부받은 당해 비영리법인은 교부받은 세금계산서(계산서)의 매입처별세금계산서(계산서)합계표를 법이 정하는 기한 내에 납세지관할세무서장에게 제출하여야 하는 것임.

나. 위와는 별도로 귀시가 (사)○○○○○○위원회 등에 지급하는 보조금정산시 세금계산서 등이 아닌 지출증명서류를 제출받아 보관하여도 되는지에 대하여는 감사원 등 지방자치단체의 회계에 대한 감사기관에 문의하시기 바람.

5. 노동조합의 복지기금 등을 납입하는 경우(서이 46012-11056, 2002.5.21.)

법인이 노동조합에 복지기금 및 노동조합비를 납입하는 경우에는 '신용카드매출전표·세금계산서·계산서' 수취대상이 아님.

6. 여행사업을 영위하는 법인이 주한외국대사관에 지급하는 비자비용에 대한 지출증명서류의 보관 여부(서면2팀-913, 2004.4.29.)

주한외국대사관은 「법인세법」 제1조 제4호의 규정에 의하여 비영리외국법인으로 보는 것이며, 여행사업을 영위하는 법인이 동 대사관에 지급하는 비자비용에 대하여는 대사관의 수익사업과 관련된 부분을 제외하고 「법인세법」 제116조 및 같은 법 시행령 제158조 제1항 제1호 가목의 규정에 의하여 지출증명서류의 수취 및 보관의무가 없음.

7. 비영리단체의 회원이 납부하는 경상회비의 지출증명서류 수취 여부(서면2팀-1335, 2004.6.25.)

법인이 사업과 관련된 재화 또는 용역의 대가에 해당하지 않는 협회의 회원자격으로 납부하는 경상회비의 경우 「법인세법」 제116조의 규정에 의한 정규의 지출증명서류 수취대상에 해당하지 않는 것이며, 영수증 · 입금표 · 거래명세서 등 기타 증명서류에 의하여 거래사실을 입증하여야 하는 것임.

8. 내국법인이 부동산 개발사업을 영위하기 위하여 대학병원에 기부하는 지원금의 세무처리 등

(사전-2022-법규법인-0783, 2022.10.24.)

건설업을 영위하는 내국법인이 공모지침에 따른 의료복합타운 사업자로 선정되기 위하여 컨소시엄을 구성한 대학병원에 컨소시엄 구성을 위한 협약에 따라 병원건설비 등으로 지원한 금액이 사업과 관련하여 지출한 금액에 해당하는 경우 해당 지원금은 의료복합타운 사업과 관련하여 취득하는 자산에 대한 자본적 지출로 보아 해당 자산의 취득가액에 가산하는 것이며, 해당 쟁점지원금에 대해서는 「법인세법」 제116조 제1항에 따라 지출증명서류를 작성하거나 받아서 보관하여야 하는 것임.

다만, 해당지원금이 사업과 관련하여 지출하였는지 여부는 지출의 경위와 목적, 액수 등 제반사항을 고려하여 사실판단할 사항임.

9. 전력산업기반기금 부담금을 수취하는 경우 증명서류 구비방법

(사전-2022-법규법인-1213, 2023.1.26.)

「전기사업법」 제2조 제12의 9호에 따른 재생에너지전기공급사업자가 「전기사업법」 제51조 제1항에 따른 부담금('전력산업기반기금 부담금')을 ****공사로부터 청구받아 전기사용자로부터 수취하는 경우 재생에너지전기공급사업자는 해당 부담금을 수취하는 거래와 관련된 제반서류(청구서, 계약서 등)를 갖추어 동 거래의 입증자료로서 이를 보관하여야 하는 것임.

② 국가 및 지방자치단체

국가 및 지방자치단체와의 거래시에는 정규증명서류를 수취하지 않아도 된다.

사례 세금과공과, 벌과금, 국유시설 등의 사용료, 도로점용료㈜, 화물입항료, 시유지사용료, 우편요금

㈜ 2007.1.1. 이후 계약을 체결하고 공급하는 분부터는 부가가치세가 과세되므로(서삼-1077, 2007.4.10.) 도로점용료에 대하여 세금계산서를 수취하여야 할 것이다.

관련 예규

1. 항만시설사용자가 국가 등에 납부하는 화물입항료와 지역개발세의 지출증명서류가 수취대상인지 여부(법인 46012-1048, 1999.3.22.)

법인이 사업자로부터 재화 또는 용역을 공급받고 그 대가를 지급하는 경우에는 신용카드 매출전표, 세금계산서, 계산서 중 하나를 증명서류로 수취하여야 하는 것이나, 항만법에 의하여 항만시설사용자가 국가에 납부하는 화물입항료와 지방세법상 지방자치단체가 컨테이너부두를 이용하여 컨테이너를 입출항하는 자에게 부과하는 컨테이너지역개발세의 경우에는 지출증명서류의 수취대상에 해당하지 아니하는 것임.

2. 우표와 우편엽서를 우체국 또는 판매대리점에서 구매할 경우 지출증명서류의 범위

(서면2팀-1263, 2004.6.18.)

우표와 우편엽서를 국가기관인 우체국에서 구입하는 경우 「법인세법」 제116조 제2항 단서 규정 및 같은 법 시행령 제158조 제1항 제1호 나목의 규정에 따라 정규지출증명서류 수취대상에 해당하지 않는 것이며, 종전 「부가가치세법」 제12조의 규정에 의하여 면세재화에 해당하는 우표를 국가기관이 아닌 판매대리점에서 구입하는 경우로서 그 금액이 5만원을 초과하는 경우에는 정규지출증명서류를 수취하여야 하는 것임.

③ 금융·보험업을 영위하는 법인(금융·보험용역을 제공하는 경우에 한함)

금융·보험용역은 금융·보험업자가 다수의 대중을 상대로 빈번하게 거래가 이루어지고 있으며, 전산에 의하여 그 거래내용을 파악하는 것이 용이하기 때문에 정규증명서류를 수취하지 않아도 된다.

공급받는 사업자는 상대방 공급자가 금융·보험업자인 경우 「소득세법 시행령」 제208조의 2 제1항 제3호의 규정에 따른 금융·보험용역에 대하여만 증명서류수취의무가 면제될 뿐 금융보험용역이 아닌 임대료나 고정자산 매각분 등의 거래시에는 반드시 정규증명서류를 수취하여야 한다(법인 46012-268, 2001.2.1. 참조).

사례

- 어음할인료, 대출이자, 할부이자, 사채이자
- 송금수수료, 환전수수료
- 보험료(손해보험, 화재보험, 보증보험, 해상보험 등)
- 신용카드수수료
- 자본시장과 금융투자업에 관한 법률에 따른 투자매매업, 투자중개업, 집합투자업, 투자자문업, 투자일임업, 신탁업 수수료

④ 국내사업장이 없는 외국법인

국내사업장이 없는 외국법인과의 거래시에는 정규증명서류를 수취하지 아니하여도 된다. 그러나 외국법인의 국내사업장과의 거래시에는 정규증명서류를 수취하여야 한다.

사례
- 국외에서 재화 또는 용역의 조달, 기술도입료
- 국외에서 지출하는 기업업무추진비와 여비교통비

관련 예규

1. **외국법인으로부터 받아야 하는 재화나 용역을 외국법인으로부터 대가를 지급받는 국내하청업체로부터 공급받는 경우 지출증명서류의 수취 및 보관의무가 없는 것임**

(서면법인-2865, 2019.4.30.; 서면2팀-839, 2006.5.12.)

국내에 사업장이 없는 외국법인으로부터 재화 또는 용역을 공급받고 그 대가를 외국법인에게 지급하는 내국법인이 그 외국법인으로부터 대가를 지급받는 국내하청업체로부터 편의상 재화 또는 용역의 일부를 국내에서 공급받는 경우에는 「법인세법」 제116조에 규정한 지출증명서류의 수취 및 보관의무가 없다.

2. **국외해상에서 국내사업자로부터 유류 등을 공급받는 경우 지출증빙서류 수취특례 적용 여부**

(법인세제과-894, 2013.9.12.)

① 국외에서 내국법인 간에 재화 또는 용역의 공급이 이루어진 경우 공급하는 자는 「법인세법」 제121조에 따라 계산서 발급의무가 있는 것임.
② 원양어선업을 영위하는 내국법인이 국내사업자로부터 국외에서 재화 등을 공급받는 경우에는 같은 법 시행규칙 제79조 제4호에 따른 "국외에서 재화 또는 용역을 공급받는 경우"에 해당하는 것임.

(2) 「부가가치세법」 제3조에 따른 사업자

「부가가치세법」 제3조에 따른 사업자와의 거래시에는 정규증명서류를 수취하여야 한다.

부가가치세법 제3조 【납세의무자】
다음 각 호의 어느 하나에 해당하는 자로서 개인, 법인(국가 · 지방자치단체와 지방자치단체조합을 포함한다), 법인격이 없는 사단 · 재단 또는 그밖의 단체는 이 법에 따라 부가가치세를 납부할 의무가 있다.
1. 사업자
2. 재화를 수입하는 자

다만, 읍·면지역에 소재하는 「부가가치세법」 제61조의 규정에 의한 간이과세자㈜로서 「여신전문금융업법」에 의한 신용카드가맹점 또는 「조세특례제한법」 제126조의 3에 따른 현금영수증가맹점이 아닌 사업자를 제외한다(법령 §158 ① 2호).

㈜ 「소득세법 시행령」 제208조의 2 제1항 제2호는 다음과 같이 규정하고 있어, 「법인세법 시행령」과 다르다.

간이과세자 중 다음 각 목의 어느 하나에 해당하는 자
가. 직전 연도의 공급대가의 합계액(직전 과세기간에 신규로 사업을 시작한 개인사업자의 경우 「부가가치세법 시행령」 제61조 제2항에 따라 환산한 금액)이 4천800만원 미만인 자
나. 신규로 사업을 시작하는 개인사업자로서 「부가가치세법 시행령」 제61조 제4항에 따라 간이과세자로 하는 최초의 과세기간 중에 있는 자

그러나 읍·면지역에 소재하는 면세사업자와의 거래시는 반드시 정규증명서류를 수취하여야 한다.

관련 예규

1. **읍·면지역의 범위**(법인 46012-4303, 1999.12.14.)

읍·면지역에는 지방자치법 제2조의 규정에 의한 광역시 또는 시관할구역 내의 읍·면지역이 포함된다.

2. **읍·면지역의 신용카드 미가맹 민박사업자의 경우**(사전법령법인-392, 2018.12.10.)

민박사업자가 읍 · 면지역에 소재하는 사업자 등록된 간이과세자로서 신용카드 또는 현금영수증 미가맹점인 경우 「법인세법」 제116조 제2항에 따른 지출증명서류 수취의무는 없지만 그 지급사실을 확인할 수 있는 객관적인 자료를 수취 및 보관하여야 한다.

(3) 「소득세법」의 규정에 의한 사업자 등

「소득세법」 제1조의 2 제1항 제5호에 따른 사업소득이 있는 거주자와 같은 법 제119조 제3호와 제5호의 규정에 따른 사업소득이 있는 비거주자와의 거래에 있어서는 정규증명서류를 수취하여야 한다. 다만, 「소득세법」 제120조의 규정에 의한 국내사업장이 없는 비거주자를 제외한다(법령 §158 ① 3호).

사례 국내사업장이 없는 외국법인의 경우와 동일하다.

관련 예규

1. 비거주자의 인적용역(법인 46012-199, 2000.1.20.)

「법인세법 시행령」 제158조 제1항 각 호의 1에 해당하는 사업자가 아닌 비거주자로부터 인적용역을 공급받고 그 대가를 지급하는 경우에는 「법인세법」 제116조의 규정에 의한 지출증명서류 수취대상은 아니나, 인적용역에 대한 대가를 지급하는 사실을 입증하는 증명서류를 갖춘 후 동법 제120조의 규정에 의한 지급조서를 제출하여야 하는 것임.

2. 사업자와 거래시 유의할 사항

사업자와 사업상의 재화 또는 용역의 거래시 거래상대방 사업자로부터 정규증명서류로 세금계산서·계산서 또는 신용카드매출전표 및 현금영수증 등을 수취하도록 하고 있다. 거래상대방 사업자가 면세사업자인 경우에는 사업규모에 따른 계산서 교부의 제한이 없으므로 신용카드가맹점 또는 현금영수증 가맹점가입 여부와 관계없이 상거래에 지장을 받지 않을 것이다. 부가가치세 간이과세자의 경우 신규사업자 및 직전연도의 공급대가 합계액이 4,800만원 미만인 사업자 등은 세금계산서를 교부할 수 없기 때문에 신용카드 또는 현금영수증 등에 의한 거래만 가능하게 되어 가맹점 가입 여부에 따라 상거래상 영향을 받을 것이다.

따라서 세금계산서 발급의무가 없는 간이과세자가 사업자와 거래하기 위해서는 신용카드가맹점 또는 현금영수증 가맹점으로 가입을 하여야 할 것이며, 신용카드 가맹 또는 현금영수증 가맹을 하지 아니하게 되면 별도의 거래증명서류특례규정을 적용받지 아니하는 한 사실상 거래가 어려울 것으로 판단된다.

관련 예규

1. **미등록사업자 등과의 거래시 정규증명서류**(법인 46012-199, 2000.1.20.)

   미등록사업자로부터 부동산임대용역을 공급받는 경우에도 「법인세법」 제116조 제1호 및 제2호의 규정에 의한 지출증명서류(다만, 「부가가치세법」 제25조 규정에 의한 간이과세자 또는 과세특례자에 해당하는 임대사업자로부터 부동산임대용역을 공급받는 경우에는 「법인세법 시행규칙」 제79조 제10호의 규정에 의한 경비 등의 송금명세서에 의할 수 있음)의 수취대상에서 제외되는 것이 아님.

2. **공동주택자치관리기구에 지출하는 관리비에 대한 지출증명서류**(법인 46012-351, 2000.2.8.)

   법인이 사업상 독립적으로 재화 또는 용역을 공급하는 사업자에 해당하지 아니하는 주택건설촉진법 제38조 및 공동주택관리령 제11조의 공통주택자치관리기구 또는 집합건물의 소유및관리에관한법률 제23조의 규정에 의한 관리단에게 공동주택 및 집합건물에 대한 관리비를 지출하는 경우에는 「법인세법」 제116조 제2항 및 같은 법 제76조 제5항의 규정이 적용되지 아니하는 것이나 이에 해당하는지는 당해 기구가 공동주택입주자 또는 집합 건물의 구분 소유자들이 조직한 자치기구인지 여부에 따라 사실판단할 사항임.

3. **폐업자로부터 재화를 공급받는 경우**(법인 46012-1774, 2000.8.16.)

   실질적으로 폐업하고 폐업신고를 한 자로부터 폐업시 잔존재화(사업용고정자산 포함)로써 과세된 재화를 구입하는 경우 증명서류수취불성실가산세 적용대상 아님.

4. **아파트관리사무소에 납부하는 관리비의 경우**(제도 46012-10830, 2001.4.26.)

   법인이 별도 사업을 영위하지 아니하는 아파트관리사무소에 관리비를 납부하는 경우 당해 거래는 「법인세법 시행령」 제158조 제1항에 규정된 '사업자'와의 거래가 아니므로 같은 법 제116조 제2항의 지출증명서류의 수취의무가 면제되는 것임.

5. **국내사업장 없는 외국법인이 국내연락사무소에서 사용하던 집기비품 등의 자산을 일시적으로 매각하는 경우**(제도 46015－12009, 2001.7.9.)

국내사업장이 없는 외국법인이 「부가가치세법」상 사업장에 해당하지 아니하는 자기의 국내연락사무소에서 사용하던 집기비품 등의 자산을 일시적으로 매각하는 경우 부가가치세 납세의무는 없는 것이며, 이 경우 당해 매각거래에 대하여는 「법인세법 시행령」 제158조 제1항 제1호 라목의 규정에 의하여 법정 지출증명서류의 수취 및 보관의무 대상에서 제외되는 것임.

6. **미등록사업자와의 거래시 정규증명서류**(재경부 법인 46012－83, 2002.4.24.)

법인이 「부가가치세법」상 미등록사업자 또는 간이과세자로부터 재화 또는 용역을 공급받고 교부받은 세금계산서는 「법인세법」 제116조 제2항 각 호의 규정에 의한 지출증명서류에 해당하지 아니하여 동법 제76조 제5항의 규정에 의한 가산세를 적용함. ⓔ

3. 사업자와 세금계산서 등의 발급

(1) 사업사의 유형에 따른 발급

사업자의 유형에 따른 세금계산서 등의 발급의무를 요약하면 다음과 같다.

구 분		내 용
사업자의 종류	과 세 사 업 자	1. 소매업 등 최종소비자 대상 업종 : 영수증(신용카드 및 직불카드 등 매출전표, 현금영수증 포함) 2. 위 '1.' 이외의 경우 : 세금계산서
	간이과세자 중 신규사업자 및 직전연도 공급대가가 4,800만원 미만인 사업자	영수증(신용카드 및 직불카드 등 매출전표, 현금영수증 포함)
	세 관 장	수입세금계산서 또는 계산서(무환수입품 등)
	면 세 사 업 자	계산서 또는 영수증(신용카드 및 직불카드 등 매출전표, 현금영수증 포함)

구 분	내 용
세금계산서	1. 작성매수 : 2매가 1조임. 2. 필요적기재사항 : ① 공급자의 사업자등록번호·상호 또는 성명 ② 공급받는자의 등록번호 ③ 작성연월일 ④ 공급가액과 세액 ※ 필요적 기재사항이 기재되지 않거나 부실기재시 ┌ 공급자 : 가산세 부과 └ 공급받는자 : 매입세액불공제
세금 계산서의 발급특례 (부법 §34 ②·③, §17 ②·③)	1. 거래처별로 달의 1일부터 말일까지의 공급가액을 합하여 해당 달의 말일을 작성 연월일로 하여 세금계산서를 발급하는 경우 2. 거래처별로 달의 1일부터 말일까지의 기간 이내에서 사업자가 임의로 정한 기간의 공급가액을 합하여 그 기간의 종료일을 작성 연월일로 하여 세금계산서를 발급하는 경우 3. 관계 증명서류 등에 따라 실제거래사실이 확인되는 경우로서 해당 거래일을 작성 연월일로 하여 세금계산서를 발급하는 경우 4. 선세금계산서의 경우 ① 사업자가 재화 또는 용역의 공급시기가 도래하기 전에 세금계산서를 발급하고 그 세금계산서 발급일부터 7일 이내에 대가를 지급받는 경우에는 적법한 세금계산서를 발급한 것으로 본다. ② 위 '①'에도 불구하고 대가를 지급하는 사업자가 다음 각 호의 어느 하나에 해당하는 경우에는 재화 또는 용역을 공급하는 사업자가 그 재화 또는 용역의 공급시기가 되기 전에 세금계산서를 발급하고 그 세금계산서 발급일부터 7일이 지난 후 대가를 받더라도 해당 세금계산서를 발급한 때를 재화 또는 용역의 공급시기로 본다. 가. 거래 당사자간의 계약서·약정서 등에 대금 청구시기(세금계산서 발급일을 말한다)와 지급시기를 따로 적고, 대금 청구시기와 지급시기 사이의 기간이 30일 이내인 경우 나. 세금계산서 발급일이 속하는 과세기간(공급받는 자가 「부가가치세법」 제59조 제2항에 따라 조기환급을 받은 경우에는 세금계산서 발급일부터 30일 이내)에 재화 또는 용역의 공급시기가 도래하는 경우

구 분	내 용
수정 세금계산서 발급방법 (부령 §70)	1. 당초 공급한 재화가 환입된 경우 : 재화가 환입된 날을 작성일자로 적고 비고란에 당초 세금계산서 작성일자를 부기한 후 붉은색 글씨로 쓰거나 음(陰)의 표시를 하여 발급한다. 2. 계약의 해제로 재화 또는 용역이 공급되지 아니한 경우 : 계약이 해제된 때에 그 작성일은 계약해제일로 적고 비고란에 처음 세금계산서작성일을 덧붙여 적은 후 붉은색 글씨로 쓰거나 음(陰)의 표시를 하여 발급한다. 3. 계약의 해지 등에 따라 공급가액에 추가 또는 차감되는 금액이 발생한 경우 : 증감사유가 발생한 날을 작성일자로 기재하고 추가되는 금액은 검은색 글씨로 쓰고, 차감되는 금액은 붉은색 글씨로 쓰거나 음(陰)의 표시를 하여 발급한다. 4. 재화 또는 용역을 공급한 후 공급시기가 속하는 과세기간 종료 후 25일(과세기간 종료 후 25일이 되는 날이 「국세기본법」 제5조 제1항 각 호에 해당하는 날인 경우에는 바로 다음 영업일을 말한다) 이내에 내국신용장이 개설되었거나 구매확인서가 발급된 경우 : 내국신용장 등이 개설된 때에 그 작성일자는 당초 세금계산서 작성일자를 적고 비고란에 내국신용장 개설일 등을 부기하여 영세율적용분은 검은색 글씨로 세금계산서를 작성하여 발급하고, 추가하여 당초에 교부한 세금계산서의 내용대로 세금계산서를 붉은색 글씨로 또는 음(陰)의 표시를 하여 작성하고 발급한다. 5. 필요적 기재사항 등이 착오로 잘못 적힌 경우(다음 각 목의 어느 하나에 해당하는 경우로서 과세표준 또는 세액을 경정할 것을 미리 알고 있는 경우는 제외한다) : 처음에 발급한 세금계산서의 내용대로 세금계산서를 붉은색 글씨로 쓰거나 음(陰)의 표시를 하여 발급하고, 수정하여 발급하는 세금계산서는 검은색 글씨로 작성하여 발급 ① 세무조사의 통지를 받은 경우 ② 세무공무원이 과세자료의 수집 또는 민원 등을 처리하기 위하여현지출장이나 확인업무에 착수한 경우 ③ 세무서장으로부터 과세자료 해명안내 통지를 받은 경우 ④ 그밖에 '①'부터 '③'까지의 규정에 따른 사항과 유사한 경우

구 분	내 용
수정 세금계산서 발급방법 (부령 §70)	6. 필요적 기재사항 등이 착오 외의 사유로 잘못 적힌 경우(제5호 각 목의 어느 하나에 해당하는 경우로서 과세표준 또는 세액을 경정할 것을 미리 알고 있는 경우는 제외한다) : 재화나 용역의 공급일이 속하는 과세기간에 대한 확정신고기한까지 세금계산서를 작성하되, 처음에 발급한 세금계산서의 내용대로 세금계산서를 붉은색 글씨로 쓰거나 음(陰)의 표시를 하여 발급하고, 수정하여 발급하는 세금계산서는 검은색 글씨로 작성하여 발급 7. 착오로 전자세금계산서를 이중으로 발급한 경우 : 당초에 발급한 세금계산서의 내용대로 음(陰)의 표시를 하여 발급한다. 8. 면세 등 발급대상이 아닌 거래 등에 대하여 발급한 경우(「부가가치세법」 제39조 제1항 제3호 단서에 따라 매입세액을 공제받은 경우는 제외한다) : 처음에 발급한 세금계산서의 내용대로 붉은색 글씨로 쓰거나 음(陰)의 표시를 하여 발급한다. 9. 세율을 잘못 적용하여 발급한 경우(위 '5.' 각 목의 어느 하나에 해당하는 경우로서 과세표준 또는 세액을 경정할 것을 미리 알고 있는 경우는 제외한다) : 처음에 발급한 세금계산서의 내용대로 세금계산서를 붉은색 글씨로 쓰거나 음(陰)의 표시를 하여 발급하고, 수정하여 발급하는 세금계산서는 검은색 글씨로 작성하여 발급

(2) 영수증발급사업자

1) 영수증발급대상 사업자

「부가가치세법」 제32조(세금계산서 등)에도 불구하고 다음 각 호의 어느 하나에 해당하는 자가 재화 또는 용역을 공급(부가가치세가 면제되는 재화 또는 용역의 공급은 제외한다)하는 경우에는 「부가가치세법」 제15조 및 제16조에 따른 재화 또는 용역의 공급시기에 그 공급을 받은 자에게 세금계산서를 발급하는 대신 영수증을 발급하여야 한다(부법 §36 ①).

① **간이과세자 중 다음 각 목의 어느 하나에 해당하는 자**(부법 §36 ① 2호)

가. 직전 연도의 공급대가의 합계액(직전 과세기간에 신규로 사업을 시작한 개인사업자의 경우 「부가가치세법」 제61조 제2항에 따라 환산한 금액)이 4천800만원 미만인 자

나. 신규로 사업을 시작하는 개인사업자로서 「부가가치세법」 제61조 제4항에 따라 간이과세자로 하는 최초의 과세기간 중에 있는 자

* 관련법률조문 : 「부가가치세법」 §61

② 직전 과세기간에 신규로 사업을 시작한 개인사업자에 대하여는 그 사업 개시일부터 그 과세기간 종료일까지의 공급대가를 합한 금액을 12개월로 환산한 금액을 기준으로 하여 제1항(간이과세자 금액기준)을 적용한다. 이 경우 1개월 미만의 끝수가 있으면 1개월로 한다.

③ 신규로 사업을 시작하는 개인사업자는 사업을 시작한 날이 속하는 연도의 공급대가의 합계액이 제1항 및 제2항에 따른 금액에 미달될 것으로 예상되면 「부가가치세법」 제8조 제1항 또는 제3항에 따른 등록을 신청할 때 대통령령으로 정하는 바에 따라 납세지 관할 세무서장에게 간이과세의 적용 여부를 함께 신고하여야 한다.

④ 제3항에 따른 신고를 한 개인사업자는 최초의 과세기간에는 간이과세자로 한다. 다만, 제1항 단서(간이과세자 적용제외 사업자)에 해당하는 사업자인 경우는 그러하지 아니하다.

② **주로 사업자가 아닌 자에게 재화 또는 용역을 공급하는 사업자로서 대통령령으로 정하는 사업자**(부법 §36 ① 1호)

이 경우 대통령령으로 정하는 사업자는 다음 각 호의 사업을 하는 사업자를 말한다(부령 §73 ①).

가. 소매업

나. 음식점업(다과점업을 포함한다)

다. 숙박업

라. 미용, 욕탕 및 유사서비스업

마. 여객운송업

바. 입장권을 발행하여 영위하는 사업

사. 변호사업, 심판변론인업, 변리사업, 법무사업, 공인회계사업, 세무사업,

경영지도사업, 기술지도사업, 감정평가사업, 손해사정인업, 통관업, 기술사업, 건축사업, 도선사업, 측량사업, 공인노무사업, 의사업, 한의사업, 약사업, 한약사업, 수의사업, 특별시·광역시 및 시(행정시를 포함한다)의 지역에 소재하는 부동산임대사업장을 영위하는 사업으로서 국세청장이 정하는 규모 이상의 사업 및 행정사업

여기서 위의 변호사업 등을 영위하는 자가 영수증을 발급할 수 있는 범위는 거래상대방이 「부가가치세법」 및 「소득세법」의 규정에 의한 사업자가 아닌 개인 또는 법인격없는 단체인 경우에 한하며, 거래상대방이 법인, 「부가가치세법」 및 「소득세법」상의 사업자인 경우에는 반드시 세금계산서를 발급하여야 한다.

아. 「우정사업운영에 관한 특례법」에 의한 우정사업조직이 「우편법」 제15조 제1항에 규정된 선택적우편업무 중 소포우편물을 방문접수하여 배달하는 용역을 공급하는 사업

자. 「국민건강보험법」 제41조 제4항에 따라 요양급여의 대상에서 제외되는 「부가가치세법 시행령」 제35조 제1호 가목과 나목의 진료용역

차. 「부가가치세법 시행령」 제35조 제5호 단서에 해당하지 아니한 것으로서 부가가치세가 과세되는 것으로서 수의사가 제공하는 동물의 진료용역

카. 다음의 용역을 공급하는 사업

(가) 「체육시설의 설치·이용에 관한 법률」 제10조 제1항 제2호의 무도학원

(나) 「도로교통법」 제2조 제32호의 자동차운전학원

타. 「전자서명법」 제2조 제8호에 따른 전자서명인증사업자가 같은 조 제6호에 따라 공인인증서를 발급하는 용역. 다만, 공급받는 자가 사업자로서 세금계산서 발급을 요구하는 경우는 제외한다.

파. 「부가가치세법」 제53조의 2 제1항 및 제2항에 따라 간편사업자등록을 한 사업자가 국내에 전자적용역을 공급하는 사업

하. 주로 사업자가 아닌 소비자에게 재화 또는 용역을 공급하는 사업으로서

다음 각목의 사업에 해당하는 것(부령 §73 ① 14호, 부칙 §53)

(가) 도정업과 떡류제조업 중 떡방아간

(나) 양복점업, 양장점업 및 양화점업

(다) 주거용건물공급업(주거용건물을 자영건설하는 경우를 포함한다)

(라) 운수업 및 주차장운영업

(마) 부동산중개업

(바) 사회서비스업 및 개인서비스업

(사) 가사서비스업

(아) 도로 및 관련시설운영업

(자) 자동차제조업 및 자동차판매업

(차) 주거용 건물 수리·보수 및 개량업

(카) 기타 '(가)'부터 '(차)'까지와 유사한 사업으로서 세금계산서를 발급할 수 없거나 현저히 곤란한 사업

2) 영수증발급특례

「부가가치세법」 제32조의 세금계산서 규정에 불구하고 다음 각 호의 어느 하나에 해당하는 경우에는 영수증을 발급할 수 있다(부법 §36 ②, 부령 §73 ②).

① 「부가가치세법 시행령」 제10조의 규정에 의한 임시사업장개설사업자가 그 임시사업장에서 사업자가 아닌 소비자에게 재화 또는 용역을 공급하는 경우

② 「전기사업법」에 의한 전기사업자가 산업용이 아닌 전력을 공급하는 경우

③ 「전기통신사업법」에 의한 전기통신사업자가 전기통신역무를 제공하는 경우. 다만, 부가통신사업자가 통신판매업자에게 「전기통신사업법」 제5조 제4항에 따른 부가통신역무를 제공하는 경우를 제외한다.

④ 「도시가스사업법」에 의한 도시가스사업자가 산업용이 아닌 도시가스를 공급하는 경우

⑤ 「집단에너지사업법」에 따라 집단에너지를 공급하는 사업자가 산업용이 아닌 열 또는 산업용이 아닌 전기를 공급하는 경우

⑥ 「방송법」 제2조 제3호에 따른 방송사업자가 아닌 자에게 방송용역을 제공하는 경우

⑦ 「인터넷 멀티미디어 방송사업법」 제2조 제5호 가목에 따른 인터넷 멀티미디어방송 제공사업자가 사업자가 아닌 자에게 방송용역을 제공하는 경우

3) 영수증 발급시 공급가액과 세액의 구분기재

위 '1)'과 '2)'에 해당하는 사업자가 신용카드기 또는 직불카드기 등 기계적 장치(금전등록기는 제외한다)를 사용하여 영수증을 발급할 때에는 영수증에 공급가액과 세액을 별도로 구분하여 적어야 한다(부령 §73 ⑧).

4) 영수증발급 배제에 따른 세금계산서의 발급

① 특정업종의 영수증발급 배제에 따른 세금계산서의 발급

일반과세자 중 위 '1)'의 ② 중 가. 소매업, 나. 음식점업(다과점업 포함), 다. 숙박업, 마. 여객운송업(「여객자동차 운수사업법 시행령」 제3조의 규정에 따른 전세버스운송사업에 한함), 사. 변호사업 등, 아. 소포우편물을 방문접수하여 배달하는 용역을 공급하는 사업, 타. 공인인증서를 발급하는 용역, 하. 주로 사업자가 아닌 소비자에게 재화 또는 용역을 공급하는 사업 및 위 '2)'의 영수증발급특례업종의 어느 하나에 해당하는 사업자가 재화 또는 용역을 공급하는 경우로서 그 재화 또는 용역을 공급받는 사업자가 「부가가치세법」 제36조 제3항에 따라 세금계산서의 발급을 요구하는 경우에는 세금계산서를 발급해야 한다(부령 §73 ③).

② 특정자산 공급시 영수증발급 배제에 따른 세금계산서의 발급

일반과세자 중 다음에 해당하는 사업을 하는 사업자가 감가상각자산을 공급하거나 위 '1)' 및 '2)'에 열거하는 역무 외의 역무를 공급하는 경우로서 그 재화 또는 용역을 공급받는 사업자가 「부가가치세법」 제36조 제3항에 따라 세금계산서의 발급을 요구하는 경우에는 세금계산서를 발급해야 한다(부령 §73 ④).

가. 미용, 욕탕 및 유사서비스업

나. 여객운송업(「여객자동차 운수사업법 시행령」 제3조의 규정에 따른 전세버스운송사업을 제외한다)

다. 입장권을 발행하여 영위하는 사업

라. 「국민건강보험법」 제41조 제4항에 따라 요양급여의 대상에서 제외되는 「부가가치세법 시행령」 제35조 제1호 가목과 나목의 진료용역

마. 「부가가치세법 시행령」 제35조 제5호 단서에 해당하지 아니한 것으로서 부가가치세가 과세되는 것으로서 수의사가 제공하는 동물의 진료용역

바. 다음의 용역을 공급하는 사업

㉮ 「체육시설의 설치·이용에 관한 법률」 제10조 제1항 제2호의 무도학원

㉯ 「도로교통법」 제2조 제32호의 자동차운전학원

③ 자동차제조업 및 자동차판매업의 영수증 발급배제

위 '1)'의 ② 중 '하'의 사업을 하는 사업자 중 자동차 제조업 및 자동차 판매업을 경영하는 사업자가 「부가가치세법」 제36조 제1항에 따라 영수증을 발급하였으나, 그 사업자로부터 재화를 공급받는 사업자가 해당 재화를 공급받은 날이 속하는 과세기간의 다음 달 10일까지 「부가가치세법」 제36조 제3항에 따라 세금계산서의 발급을 요구하는 경우에는 세금계산서를 발급해야 한다. 이 경우 처음에 발급한 영수증은 발급되지 않은 것으로 본다(부령 §73 ⑤).

5) 간이과세자의 영수증발급 적용기간 중의 세금계산서 발급배제

① 간이과세자의 영수증 발급 적용기간

「부가가치세법」 제36조 제1항 제2호 가목[위 1)의 ① '가.']에 따라 영수증 발급에 관한 규정이 적용되거나 적용되지 아니하게 되는 기간은 해의 1월 1일부터 12월 31일까지의 공급대가의 합계액(신규로 사업을 시작한 개인사업자의 경우 제61조 제2항에 따라 환산한 금액)이 4천800만원에 미달하거나 그 이상이 되는 해의 다음 해의 7월 1일부터 그 다음 해의 6월 30일까지로 한다(부법 §36의 2 ①).

「부가가치세법」 제36조 제1항 제2호 나목[위 1)의 ① '나.']에 따라 영수증 발급에 관한 규정이 적용되는 기간은 사업 개시일부터 사업을 시작한 해의 다음 해의 6월 30일까지로 한다(부법 §36의 2 ②).

② 세금계산서 발급배제

간이과세자인 사업자가 위 ①에 따른 영수증 발급 적용기간에 재화 또는 용역을 공급한 경우에는 위 3)과 4)의 규정을 적용하지 않는다(부령 §73 ⑩).

6) 영수증발급의무 면제

영수증을 발급하여야 하는 자가 「부가가치세법 시행령」 제71조 제1항에 규정된 세금계산서 발급이 면제되는 사업에 해당하는 재화 또는 용역을 공급하는 경우에는 영수증을 발급하지 아니한다. 다만, 소매업 또는 미용, 욕탕 및 유사서비스업은 당해 재화 또는 용역을 공급받는 자가 영수증 발급을 요구하지 아니한 경우에 한정한다(부령 §73 ⑥).

7) 정규증명서류 외의 관계

사업자가 재화 또는 용역을 공급받음에 있어서 거래상대방이 영수증발급대상사업자인 경우에는 지출건당 3만원을 초과하는 거래에 대하여는 신용카드 또는 직불카드매출전표, 현금영수증 등을 수취하여야 증명서류수취불성실가산세가 부과되지 아니할 것이다.

관련 예규

1. **자동차대여업의 영수증교부가능 여부**(부가 46015-2126, 2000.9.1.)

   자동차대여(렌트카)업을 영위하는 사업자가 자동차를 대여하는 경우에 있어서 종전 「부가가치세법」 제32조 제1항 및 동법시행령 제79조의 2 제1항 제7호의 규정에 의하여 영수증을 교부하는 것이나, 당해 자동차를 대여받는 자가 사업자등록증을 제시하고 종전 동법 제16조 제1항의 규정에 의한 세금계산서의 교부를 요구하는 때에는 동 규정에 의한 세금계산서를 교부하여야 함.

2. **사업자가 아닌 소비자를 대상으로 영어말하기능력 등을 평가하는 용역을 제공하는 경우 영수증 교부 가능 여부**(제도 46015-12434 2001.7.26.)

   사업자가 사업자가 아닌 소비자를 상대로 전화를 이용하여 영어말하기능력을 평가하는 용역과 시험지를 이용하여 어린이의 영어능력을 평가하는 용역을 제공하고 그 대가를 받는 경우에는 종전 「부가가치세법」 제32조의 규정에 의한 영수증을 교부할 수 있는 것임.

3. **생활정보 신문발행사업자가 제공하는 광고용역의 영수증 교부 가능 여부**

   (재경부 소비 46015-281, 2001.10.23.)

   생활정보신문발행사업자가 광고주로부터 전화 또는 인터넷을 통하여 광고를 의뢰받아 당해 신문에 광고용역을 제공하고 그 대가를 금융기관을 통하여 송금받거나 신용카드매출전표를 발행하여 지급받는 경우에는 종전 「부가가치세법 시행규칙」 제25조의 2 제9호의 규정에 따라 영수증의 교부가 가능한 것임. 이 경우, 공급받는 자가 사업등록증을 제시하고 세금계산서의 교부를 요구하는 때에는 세금계산서를 교부하여야 하는 것임.

4. **단체급식공급업자가 학생에게 음식용역을 공급하는 경우 계산서의 교부의무**

   (서이 46012-11794, 2002.9.28.)

   음식점업을 영위하는 법인은 해당 용역을 공급받는 자가 최종소비자인지의 여부에 불구하고 해당 사업의 관행에 따라 공급자의 인적사항 등이 기재된 영수증을 공급받는 자에게 교부할 수 있는 것으로 이에 따라 영수증이 교부된 거래에 대하여는 「법인세법」 제76조 제9항의 가산세규정이 적용되지 아니하는 것이나, 공급받는 자가 사업자인 경우 사업자등록증을 제시하고 계산서의 교부를 요구하는 때에는 계산서를 교부해야 하는 것으로 이에 교부하지 않는 경우에는 「법인세법」 제76조 제9항의 가산세규정이 적용되는 것임.

5. 도시가스를 일반 가정에 공급하는 경우(서면3팀-333, 2005.3.10.)

도시가스업을 영위하는 사업자가 산업용이 아닌 도시가스를 일반가정에 공급하는 거래는 사업자가 아닌 최종 실소비자에게 공급하는 것이므로 세금계산서가 아닌 영수증교부대상 거래에 해당하는 것임.

6. 한국관광카드를 공급하고 상품권으로 결제받는 경우(서면3팀-607, 2005.5.6.)

한국관광카드는 여신전문금융업법에 의한 선불카드에 해당되지 않는 전자상품권이나, 사업자가 재화나 용역을 공급하고 동 상품권으로 결제받는 경우 현금영수증을 발급할 수 있으며, 다만, 소비자의 신분인식수단으로 현금영수증홈페이지(http://현금영수증.kr)에 등록한 경우에 소득공제 등의 혜택을 받을 수 있음.

7. 자기가 제조한 재화를 통신판매형태로 최종소비자에게 직접 판매하는 경우

(서면3팀-623, 2005.5.9.; 서면3팀-768, 2007.3.12.)

제조업을 영위하는 사업자가 자기가 제조한 재화를 통신판매의 형태로 사업자가 아닌 최종소비자에게 직접 판매하는 경우에는 종전 「부가가치세법」 제32조 제1항 및 같은 법 시행령 제79조의 2 제1항의 규정에 의하여 영수증을 교부할 수 있는 것으로, 이 경우에는 종전 「부가가치세법」 제22조 제2항 제1호 규정에 의한 가산세가 적용되지 아니하는 것임.

8. 온라인메시지 전송서비스대가를 금융기관을 통하여 받은 경우(서면3팀-1681, 2005.10.5.)

사업자가 온라인상에서 주로 최종소비자인 가입자를 모집하여 음성, 문자 등의 전송서비스를 제공하고 그 대가를 금융기관 등을 통하여 송금받거나 신용카드매출전표를 발행하여 지급받는 경우로서 세금계산서의 교부가 불가능하거나 현저히 곤란한 때에는 종전 「부가가치세법 시행령」 제79조의 2 제1항 제7호의 규정에 의하여 영수증을 교부할 수 있는 것임. 다만, 이 경우 공급받는 자가 사업자등록증을 제시하고 세금계산서의 교부를 요구하는 때에는 세금계산서를 교부하여야 하는 것임.

9. 제조업영위사업자가 자기의 제조장에서 최종소비자에게 재화를 공급한 경우

(서면3팀-303, 2006.2.16.)

① 제조업을 영위하는 사업자가 자기가 제조하는 재화를 통신판매형태 또는 전자상거래에 의하여 사업자가 아닌 최종소비자에게 직접 판매하는 경우 및 홈쇼핑사업자와 위수탁 판매계약에 의하여 사업자가 아닌 최종소비자에게 판매하는 경우에는 종전 「부가가치세법」 제32조 제1항 및 같은 법 시행령 제79조의 2 제1항의 규정에 의하여 영수증을 교부할 수 있는 것이나, 다만, 제조업을 영위하는 사업자가 자기가 제조하는 재화를 자기의 제조장에서 최종소비자에게 직접 판매하는 경우에는 「부가가치세법」 제16조 제1항의 규정에 의하여 세금계산서를 교부하여야 하며, 이 경우 공급받는 자가 사업자가 아닌 개인인 경우에는 같은 법 같은 조항 제2호의 등록번호에 갈음하여 공급받는 자의 주소 · 성명 및 주민등록번호를 정확히 기재하여야 하는 것임.

② 참고로 제조업의 경우 2006.2.9.자로 종전 「부가가치세법 시행령」 제80조 제4항 규정의 개정으로 당해 개정규정의 시행일로부터 같은 법 제32조의 2 제1항에 규정된 신용카드매출전표 등을 교부할 수 있으며, 이 경우에는 같은 법 시행령 제57조 제2항의 규정에 의하여 세금계산서를 교부하지 아니하는 것임.

10. 주택건설사업자의 아파트분양이 경우(서면3팀-2616, 2006.11.1.)

주택건설촉진법 제6조의 규정에 의하여 주택건설사업자로 등록한 사업자가 국민주택규모 초과 아파트를 직접 건설하여 일반에게 분양하는 경우에는 종전 「부가가치세법 시행령」 제79조의 2 제1항 제7호 및 동법 시행규칙 제25조의 3 제3호의 규정에 의하여 영수증을 교부하는 것이나, 공급받는 자가 사업자등록증을 제시하고 세금계산서의 교부를 요구하는 때에는 세금계산서를 교부하여야 하는 것임.

11. 도시가스사업자가 비산업용도시가스를 공급하고 공급받는 자가 세금계산서 교부를 요구하는 경우(서면3팀-626, 2007.2.23.)

「도시가스사업법」에 의한 도시가스사업자가 산업용이 아닌 도시가스를 공급하는 경우에는 종전 「부가가치세법 시행령」 제79조의 2 제2항의 규정에 의하여 영수증을 교부할 수 있는 것이나, 주소지를 사업장으로 등록하여 사업을 영위하는 자로서 공급을 받는 사업자가 사업자등록증을 제시하고 세금계산서의 교부를 요구하는 때에는 같은 령 같은 조 제3항의 규정에 의하여 세금계산서를 교부하여야 하는 것임.

12. 자동차정비업을 영위하는 사업자가 자동차수리용역을 제공하고 대가를 받는 경우

(서면3팀-1591, 2007.5.25.)

자동차정비업을 영위하는 사업자가 자동차수리용역을 제공하고 대가를 받는 경우에는 종전 「부가가치세법」 제32조 제1항의 규정에 의하여 영수증을 교부하는 것이며 다만, 당해 용역을 공급받는 자가 사업자등록증을 제시하고 종전 같은 법 제16조 제1항의 규정에 의한 세금계산서의 교부를 요구하는 때에는 당해 용역공급에 대하여 세금계산서를 교부하여야 하는 것임.

13. 도시가스사업자가 산업용이 아닌 도시가스를 공급하기 위한 도시가스 시설분담금을 수요자로부터 받는 경우(부가가치세과-2546, 2008.8.13.)

「도시가스사업법」에 의한 도시가스사업자가 산업용이 아닌 도시가스를 공급하기 위한 도시가스 시설분담금을 수요자로부터 받는 경우에는 종전 「부가가치세법」 제32조 및 같은 법 시행령 제79조의 2 규정에 의하여 영수증을 교부할 수 있는 것임.

14. 상품교환권을 판매하는 경우(서면법규과-381, 2014.4.18.)

인터넷쇼핑몰 등을 통하여 상품권에 해당하지 아니하는 상품교환권을 구입하여 해당 상품교환권과 상품을 교환하는 경우로서 해당 상품을 공급한 사업자가 「부가가치세법」 제36조 및 같은 법 시행령 제73조에 따른 영수증 발급대상자에 해당하는 경우에는 세금계산서를 발급하는 대신 영수증을 발급하여야 한다.

15. 주거용건물 공급시 세금계산서를 착오로 발급한 경우(부가가치세과-583, 2014.6.18.)

「부가가치세법 시행규칙」 제53조 제3호에서 정한 주거용 건물 공급업을 영위하는 사업자가 최종 소비자에게 주택을 공급하고 세금계산서를 착오 발행한 경우에는 「부가가치세법」 제60조에 따른 가산세를 부과하지 아니한다.

(3) 신용카드매출전표 등 발급분의 세금계산서 발급 제외

다음 각 호의 어느 하나에 해당하지 않는 사업을 경영하는 사업자로서 「부가가치세법」 제36조 제1항 제2호(간이과세자 중 영수증 발급대상 사업자)에 해당하지 않는 사업자가 「부가가치세법」 제46조 제1항에 규정된 신용카드매출전표, 직불카드영수증, 결제대행업체를 통한 신용카드매출전표, 선불카드영수증(실제명의가 확

인되는 것에 한한다) 및 현금영수증을 발급한 경우에는 세금계산서를 발급하지 아니한다(부법 §33 ②, 부령 §71 ②·§88 ⑤).

① 목욕·이발·미용업

② 여객운송업(「여객자동차 운수사업법 시행령」 제3조의 규정에 따른 전세버스운송사업을 제외한다)

③ 입장권을 발행하여 영위하는 사업

④ 「국민건강보험법」 제41조 제4항에 따라 요양급여의 대상에서 제외되는 「부가가치세법 시행령」 제35조 제1호 가목과 나목의 진료용역

⑤ 「부가가치세법 시행령」 제35조 제5호 단서에 해당하지 아니한 것으로서 부가가치세가 과세되는 것으로서 수의사가 제공하는 동물의 진료용역

⑥ 다음의 용역을 공급하는 사업

가. 「체육시설의 설치·이용에 관한 법률」 제10조 제1항 제2호의 무도학원

나. 「도로교통법」 제2조 제32호의 자동차운전학원

따라서 제조업, 도매업 등을 영위하는 사업자도 신용카드매출전표 등을 발급한 경우에는 세금계산서를 발급하여서는 아니된다.

관련 예규

1. 세금계산서교부 후 신용카드로 결제하는 경우 등(서삼-438, 2004.3.8.)

① 종전 「부가가치세법 시행령」 제80조 제4항의 규정에 의한 사업자가 재화 또는 용역을 공급하면서 종전 「부가가치세법」 제9조에 규정된 거래시기에 그 대가를 영수하지 아니하고 동법 제16조의 규정에 의하여 세금계산서를 교부한 후 당해 재화 또는 용역의 공급에 대한 외상대금을 신용카드로 지급받는 경우에 당초에 교부한 세금계산서는 사실과 다른 세금계산서에 해당하지 아니하는 것이며, 재화 또는 용역의 공급에 대한 외상대금을 신용카드로 지급받는 때에는 신용카드매출전표의 여백 또는 이면에 '○○.○○.○○. 세금계산서발행분'으로 기재하여 교부하여야 하고, 당해 매출전표는 종전 동법 제31조 제3항의 규정에 의하여 그 거래사실이 속하는 과세기간에 대한 확정신고를 한 날로부터 5년간 보존하여야 하는 것임.

② 종전 「부가가치세법 시행령」 제80조 제4항의 규정에 의한 사업자가 재화 또는 용역의 공급계약을 체결하고 종전 「부가가치세법」 제9조 제1항 및 제2항의 규정에 의한 거래시기가 도래하기 전에 당해 재화 또는 용역의 공급에 대한 대가를 신용카드로 지급받고 신용카드매출전표를 발행한 경우 당해 재화 또는 용역의 공급에 대하여는 동법 시행령 제57조 제2항의 규정에 의하여 세금계산서를 교부할 수 없는 것임.

③ 종전 「부가가치세법 시행령」 제80조 제4항의 규정에 의한 사업자가 동일한 거래처에 1역월 동안 2회 이상의 재화 또는 용역을 공급하고 종전 동법 시행령 제54조 제1호의 규정에 의하여 세금계산서를 교부하는 경우에 있어 재화 또는 용역의 공급시 그 대가의 일부를 신용카드로 지급받고 신용카드매출전표를 발행한 분에 대하여는 종전 동법 시행령 제57조 제2항의 규정에 의하여 세금계산서를 교부할 수 없는 것임.

④ 종전 「부가가치세법 시행령」 제80조 제4항의 규정에 의한 사업자가 인터넷으로 주문받아 부가가치세가 과세되는 재화 또는 용역을 공급하고 그 공급시기에 결제대행업체를 통한 신용카드매출전표를 발행한 경우에는 종전 동법 시행령 제57조 제2항의 규정에 의하여 세금계산서를 교부할 수 없는 것이며, 이 경우 인터넷에 의하여 신용카드매출전표를 발행한 경우에 당해 재화 또는 용역을 공급받은 자가 신용카드매출전표를 출력·보관하고 있는 경우에 신용카드매출전표상에 구분기재된 부가가치세액(구분기재되지 아니한 경우에는 발행금액의 110분의 10에 상당하는 금액)은 종전 「부가가치세법」 제32조의 2 제3항의 규정에 의하여 매출세액에서 공제할 수 있는 것임. ㊍

제4절 재화와 용역의 범위

사업자로부터 재화와 용역의 공급을 받는 경우에는 정규증명서류를 수취하여야 하나, 재화와 용역의 공급에 해당되지 않는 거래에 대하여는 정규증명서류 외의 영수증, 입금표 등의 증명서류를 수취·보관하여도 가산세가 적용되지 않을 것이다(서면법인-3479, 2018.2.11. 참조).

「소득세법」 제160조의 2와 「법인세법」 제116조에는 재화와 용역의 범위에 대하여 구체적인 언급이 없으나 재화와 용역의 범위는 「부가가치세법」의 규정을 적용하여야 할 것으로 판단된다.

이하 「부가가치세법」상 재화와 용역의 범위를 살펴보기로 한다.

1. 재화의 범위

'재화'라 함은 재산적 가치가 있는 모든 물건, 즉 형체를 가지는 상품, 제품, 원료, 기계, 건물 기타 모든 유형적 물건(유체물)과 형체를 갖지 않으나 재산적 가치가 있는 전기, 가스, 열 기타 관리할 수 있는 자연력 및 광업권, 특허권, 저작권 등을 말한다(부법 §2 1호, 부령 §2). 따라서 형체의 유무에 불구하고 재산적 가치가 있으면 재화의 범위에 포함되는 것이다. 예를 들면 강물이 자연상태 그대로 있는 때에는 이를 재화로 보지 아니하나, 용기에 담아서 판매할 수 있는 상태에 있다면 재산적 가치가 있는 유체물로서 재화의 범위에 포함되는 것이다.

토지는 유체물로서 당연히 재화에 포함되지만, 현행 「부가가치세법」은 이를 면세로 규정하고 있어서 토지를 공급하는 경우에는 과세되지 아니한다. 다만, 토지의 일부인 흙·자갈·모래 등을 파서 판매하는 경우에는 독립된 재화의 공급으로서 과세대상이다.

2. 용역의 범위

'용역'이라 함은 재화 이외의 재산적 가치가 있는 모든 역무 및 기타 행위(재화·시설물 및 권리를 사용하게 하는 행위 등)로서 「부가가치세법 시행령」 제3조에 규정하는 사업에 해당하는 모든 역무 및 그 밖의 행위로 한다(부법 §2 2호, 부령 §3).

3. 관련사례

(1) 재화의 범위

재화란 재산적 가치가 있는 모든 유체물과 무체물을 말하며, 과세대상이 되는 재화의 구체적 범위는 다음과 같다(부가세 집행기준 2-2-1).

구 분	구체적 범위
물 건	상품, 제품, 원료, 기계, 건물 등 모든 유체물(有體物)
	전기, 가스, 열 등 관리할 수 있는 자연력
권 리	광업권, 특허권, 저작권 등 물건 외에 재산 가치가 있는 모든 것

(2) 용역의 범위(부가세 집행기준 2-3-1)

① 용역이란 재화 외의 재산 가치가 있는 다음 각 호의 사업에 해당하는 역무(役務)와 그 밖의 행위로 한다.

1. 건설업
2. 숙박 및 음식점업
3. 운수 및 창고업
4. 정보통신업(출판업과 영상·오디오 기록물 제작 및 배급업은 제외)
5. 금융 및 보험업
6. 부동산. 다만, 전·답·과수원·목장용지·임야 또는 염전 임대업으로서 지적공부상의 지목에 관계없이 실제로 경작하거나 해당 토지의 고유 용도에 사용하는 것과 공익사업과 관련하여 지역권·지상권을 설정하거나 대여하는 사업은 제외한다.
7. 전문, 과학 및 기술 서비스업과 사업시설관리, 사업지원 및 임대서비스업
8. 공공행정, 국방 및 사회보장 행정
9. 교육 서비스업
10. 보건업 및 사회복지 서비스업
11. 예술, 스포츠 및 여가관련 서비스업
12. 협회 및 단체, 수리 및 기타 개인서비스업과 제조업 중 산업용 기계 및 장비수리업
13. 가구 내 고용활동 및 달리 분류되지 않은 자가소비 생산활동
14. 국제 및 외국기관의 활동

② 제1항 제1호 및 제6호에도 불구하고 건설업과 부동산업 중 다음 각 호의 어느 하나에 해당하는 사업은 재화(財貨)를 공급하는 사업으로 본다.

1. 부동산 매매(주거용 또는 비거주용 건축물 및 그 밖의 건축물을 자영 건설하여 분양·판매하는 경우를 포함한다) 또는 그 중개를 사업목적으로 나타내어 부동산을 판매하는 사업

2. 사업상 목적으로 1과세기간 중에 1회 이상 부동산을 취득하고 2회 이상 판매하는 사업

(3) 과세대상 여부 판정사례

부가가치세 과세대상인 재화 또는 용역에 해당되는 것과 과세대상에 해당되지 아니하는 것을 예시하면 다음과 같다(부가세 집행기준 4-0-2).

구분	내용
과세대상에 해당되는 것	사업자가 과세사업에 사용하다 매각하는 「개별소비세법」 제1조 제2항 제3호에 따른 자동차
	골프장·테니스장 경영자가 동 장소 이용자로부터 받는 입회금으로서 일정기간이 지난 후 반환하지 아니하는 입회금
	학원(면세사업)을 운영하는 자가 독립된 사업으로 다른 학원운영자에게 자기의 상호, 상표 등을 사용하게 하거나 자체개발한 교육프로그램, 학원경영 노하우를 제공하고 받는 대가
	부동산임대업자가 임대차기간 만료 후 명도소송을 통하여 임차인으로부터 실질적인 임대용역의 대가로 받는 손해배상금 또는 부당이득금
	재산적 가치가 있는 물건으로 거래되는 화폐, 물, 흙, 퇴비, 원석
	공동사업자가 독립적으로 사업을 영위하기 위하여 공동사업용 건물의 분할등기(출자지분의 현물반환)로 소유권이 이전되는 건축물
	과세사업에 사용하던 건축물을 양도하고 받는 대가
	과세사업에 사용하던 전세권을 양도하고 받는 대가(당초 전세보증금을 초과하여 받는 금액)
	과세사업과 관련하여 연구 중인 신제품 개발에 관한 권리를 양도하고 받는 대가
	온라인 게임에 필요한 사이버 화폐인 게임머니를 계속적·반복적으로 판매하는 것
과세대상에 해당되지 아니하는 것	소유재화의 파손·훼손·도난 등으로 인하여 가해자로부터 받는 손해배상금
	도급공사 및 납품계약서상 납품기일의 지연으로 인하여 발주자가 받는 지체상금

과세대상에 해당되지 아니하는 것	공급받을 자의 해약으로 인하여 공급자가 재화 또는 용역의 공급없이 받는 위약금 또는 이와 유사한 손해배상금
	협회 등 단체가 재화의 공급 또는 용역의 제공에 따른 대가 관계없이 회원으로부터 받는 협회비·찬조비 및 특별회비
	대여한 재화의 망실에 따라 받는 변상금
	수표·어음 등의 화폐대용증권, 유가증권 및 상품권
	재화 또는 용역의 공급과 직접 관계없이 지급받는 이주보상비 및 영업손실보상금
	외상매출채권의 양도
	공동사업에 출자한 후 받게 되는 투자원금과 이익금
	「소득세법 시행령」 제9조 제1항에 따라 소득세가 과세되지 아니하는 농·어민의 농가부업은 「부가가치세법 시행령」 제4조에 따라 사업을 구분할 때에 독립된 사업으로 보지 아니한다. 다만, 「소득세법 시행령」 제9조 제1항에 따른 민박, 음식물 판매, 특산물 제조, 전통차 제조 및 그 밖에 이와 유사한 활동은 독립된 사업으로 본다.

(4) 손해배상금 등

① 부당이득금

국가·지방자치단체 등이 토지를 무단점용하여 도로·쓰레기하치장 등으로 사용함에 따라 토지소유자가 부당이득금반환청구소송 등을 제기하여 승소하고 그에 따라 받은 부당이득금은 부가가치세과세대상이 아니다(재무부 소비 22601-130, 1987.4.27.; 서이 46011-10310, 2003.3.14.; 서면3팀-157, 2005.1.31.; 서면3팀-3002, 2006.12.5.; 서면3팀-667, 2007.3.2.).

② 토지무단점용에 따른 보상금

토지소유자가 토지를 임대함에 있어 당해 토지에 임차인이 지상물을 설치하고 임대차계약기간 종료시에 임차인의 부담으로 지상물을 철거하여 명도하는 조건으로 토지를 임대한 후 계약기간이 종료되어 당해 토지의 명도를 요구하였으나 임차인이 지상물을 철거하지 아니하여 토지명도일까지의 무단점용에 따른 손해 상당액을 받는 경우에 당해 금액은 종전 「부가가치세법」 제7조의 규정에 의한 '계약상 또는 법률상의 원인'에 의한 용역의 공급에 대한 대가에 해당하지 아니하여 부가가치세가 과세되지 아니한다(부가 46015-4548, 1999.11.11.).

③ 지하철노선의 건물지하 관통에 따른 보상금

사업자가 지하철노선이 건물지하를 관통하게 되어 지방자치단체 등으로부터 받은 지하부분 토지사용 보상금은 과세대상이 아니다(부가 22601-1652, 1992.11.4.).

또한 지하철구조물 설치를 위해 그 지상토지를 절개하고자 토지의 지상을 일시 수용하여 사용하는 대가로 지급한 일시사용 보상금은 과세대상이 아니다(국심 95중3600, 1995.12.26.).

(5) 특별회비 등

① 협회비 등

협회 등 단체가 재화의 공급 또는 용역의 제공에 따른 대가관계없이 회원으로부터 받는 협회비·찬조금 등 특별회비 등은 과세대상이 아니다(부통 4-0-2).

그러나 협회 또는 조합이 회원을 위하여 공동구매·공동판매 등을 하여 주고 그에 대한 일정률의 수수료를 회비로 받는 경우에는 과세대상이다(재무부 간세 1235-1181, 1977.5.14.).

② 대가로 받은 특별회비 명목의 수수료

중고자동차매매업협회가 그 운영자금을 마련하기 위하여 중고자동차 매매의 알선을 하기에 앞서 차량점검을 하여 주고 그 소속 조합원들로부터 특별회비 명목으로 점검수수료를 받은 것은 부가가치세의 과세거래라 할 것이다(대법원 84누522, 1985.2.26.).

(6) 상품권 등

상품권의 매매에 따른 부가가치세 과세문제, 세금계산서 또는 계산서의 수수문제 및 정규증명서류수취문제에 관한 유권해석은 다음과 같다.

① 상품권매매업자의 사업자등록 여부

「소득세법 시행령」 제29조의 규정에 의하여 사업의 범위는 「소득세법」 등에 특별한 규정이 있는 것을 제외하고는 '한국표준산업분류'를 기준으로 하는 것이고 상품권의 매매(구입 후 재판매)를 주로 하는 사업은 한국표준산업분류상 금융 및 보험업 중 '그 외 기타 금융업'으로 분류되므로 상품권의 매매를 새로이 개시하는 사업자는 「소득세법」 제168조 제1항의 규정에 의하여 사업자등록을 하여야 한다(제도 46011-11710, 2001.6.26.).

② 상품권과 세금계산서 또는 계산서의 교부 여부

가. 상품권을 자기책임과 계산하에 구입하여 판매하는 경우에 있어서 당해 상품권은 부가가치세가 과세되지 아니하는 것으로 「부가가치세법」 제16조의 규정에 의한 세금계산서를 교부할 수 없다(부가 46015-3650, 2000.10.26.).
사업자가 상품권의 구입과 관련하여 세금계산서를 교부받은 경우 당해 세금계산서의 매입세액은 자기의 매출세액에서 공제할 수 없다(서삼 46015-10145, 2001.9.6.).

나. 상품권발행회사의 상품권을 취득하여 일반소비자에게 판매하는 상품권유통사업자인 법인이 상품권을 판매하는 경우에 「법인세법」 제121조에 규정한 계산서의 작성 및 교부의무가 없는 것이며, 상품권유통법인으로부터 상품권을 구입하는 법인의 경우에도 「법인세법」 제116조(지출증명서류의 수취 및 보관)의 규정 및 같은 법 제76조 제5항에 규정하는 지출증명서류의 수취 관련 가산세가 적용되지 아니하는 것이나, 상품권을 구입하여 기업업무추진비로 사용하는 법인의 경우에 같은 법 제25조 제2항 각 호에 규정된 기업업무추

진비의 지출 외에는 1회의 접대에 지출한 기업업무추진비가 3만원을 초과하는 경우 각사업연도소득금액계산시 이를 손금에 산입하지 아니한다(부가 46015-3650, 2000.10.26.).

다. 상품권을 판매하는 것은 사업자가 재화 또는 용역을 공급하는 경우에 해당하지 않는 것으로 「소득세법」 제163조 제1항의 규정에 의하여 계산서를 교부할 수 없는 것이고, 상품권을 구입하는 경우 「소득세법」 제160조의 2(경비 등의 지출증명수취 및 보관)의 규정 및 같은 법 제81조 제8항에서 규정하는 경비 등의 지출증명서류수취 관련 가산세가 적용되지 아니하나 지출에 관한 증명서류는 「법인세법」 제121조 제1항의 규정에 따라 수취보관하여야 한다(제도 46011-10280, 2001.3.26.; 서이 46012-10467, 2001.11.5.).

③ 상품권구매시 계산서를 수취한 경우

법인이 상품권을 판매(구입)하면서 계산서를 교부(수취)하고 매출(매입)계산서합계표를 제출한 경우에는 「법인세법」 제76조 제9항의 규정에 의한 가산세(계산서불성실가산세)를 적용하지 아니한다(재경부 법인 46012-22, 2002.1.30.).

(7) 기타 사례

① 직원 경조비 등 및 일용노무자의 노임에 대한 지출방법

「법인세법」 제116조(1998.12.28. 개정된 것) 제2항의 지출증명서류수취에 관한 규정은 같은 법 시행령 제158조 제1항에서 규정하는 사업자로부터 재화 또는 용역을 공급받고 그 대가를 지급하는 경우에 적용하는 것으로 법인이 사업자로부터 재화 또는 용역을 공급받고 그 대가를 지급하는 경우가 아닌 사용인에게 지급하는 경조사비, 여비 중 일비, 자가운전보조금 및 일용근로자에 대한 급여, 건물파손보상금 등의 경우에는 동 규정을 적용하지 아니한다(법인 46012-296, 1999.1.23.).

② 판매장려금의 지출증명서류

법인이 거래처와의 사전약정에 의하여 판매실적 등에 따라 지급하는 판매장려금은 재화 또는 용역을 공급받고 그 대가를 지급받은 것이 아니므로 「법인세법」 제116조의 규정에 의한 지출증명서류수취대상에 해당하지 아니한다(서면법인-3479, 2018.2.11.; 법인 46012-3975, 1999.11.13.).

③ 포상금의 지출증명서류

다른 법인 등에 교육용역을 제공하는 법인이 사전약정에 의하여 교육성적이 우수한 법인 등에 대하여 포상금으로 지급하는 금액으로서 재화 또는 용역의 공급대가에 해당하지 아니하는 것에 대하여는 「법인세법」 제116조의 규정에 의한 지출증명서류의 수취·보관의무규정이 적용되지 아니하는 것이며, 동 포상금이 건전한 사회통념상 상관행에 비추어 정상적인 거래라고 인정되는 경우에는 각사업연도소득금액계산상 손금에 산입할 수 있다(법인 46012-910, 2000.4.8.).

④ 부가가치세과세제외대상인 장려금, 연체료지급시 증명서류수취 여부

종전 「부가가치세법」 제13조 제2항 제5호 및 같은 조 제3항의 규정이 적용되는 연체료 또는 장려금은 재화 또는 용역의 공급대가에 해당되지 아니하므로 「소득세법」 제163조의 규정에 따른 계산서를 작성·교부하지 아니한다(소득 46011-454, 2000.4.19.).

⑤ 임대보증금의 증명서류 수취 의무

부동산임대업을 운영하는 법인이 임차인과의 임대차계약내용과 관련하여 지급하는 임대보증금에 대하여는 「법인세법」 제116조 '지출증명서류의 수취 및 보관'의 규정을 적용하지 아니한다(법인 46012-2005, 2000.9.29.).

⑥ 영수증수취가 어려운 피해보상금에 대한 손금인정 여부와 입증자료보관 여부

골재 등을 생산하는 제조업법인이 제조과정에서 발생한 돌먼지 등으로 인한 피해보상금조로 인근주민에게 사회통념상 적정한 금액의 범위 내에서 지급한 금액은 당해 제품의 제조원가에 해당하는 것으로 동 지출금액에 대하여는 「법인세법」 제76조 제5항의 규정에 의한 지출증명서류미수취에 대한 가산세의 적용대상은 아니나, 당해 지출금액과 관련한 영수증 등 제반서류를 갖추어 동 거래의 입증자료로서 보관하여야 하는 것이며, 당해 지출금액의 실질내용에 따라 「소득세법」상 원천징수 해당 여부를 판단하여야 하는 것이다(서이 46012-10809, 2002.4.17.).

⑦ 경상회비 지출시 지출증명서류 수취 여부

법인이 사업과 관련된 재화 또는 용역의 대가에 해당하지 않는 협회의 회원자격으로 납부하는 경상회비의 경우 「법인세법」 제116조의 규정에 의한 정규의 지출증명서류수취대상에 해당하지 않는 것이며, 영수증 · 입금표 · 거래명세서 등 기타 증명서류에 의하여 거래사실을 입증하여야 한다(서면2팀-1335, 2004.6.25.).

⑧ 공동매입비용의 지출증명서류 수취 대상 여부(서면인터넷방문상담2팀-2557, 2006.12.12.)

법인이 공통적인 업무를 수행하기 위해 소요된 경비를 다수의 법인을 대표하여 지급한 후 합리적인 배분기준에 의해 개별법인에게 배부함에 있어 소요된 경비를 동 개별법인으로부터 금전으로 받는 것은 재화 또는 용역의 공급에 해당하지 아니하는 것으로, 개별법인은 「법인세법」 제116조에 규정한 지출증빙서류의 수취 및 보관대상이 아니며, 그 경비 중 세금계산서 수취분에 대하여는 「부가가치세법 시행규칙」 제18조의 규정을 준용하여 세금계산서를 수취할 수 있다.

제5절 정규증명서류의 특례

다음에서 설명하는 정규증명서류 특례적용대상에 해당하는 경우에는 정규증명서류 이외의 영수증 등(거래사실을 입증하는 서류)의 수취가 허용된다. 즉 세무상 불이익(증명서류수취불성실가산세)을 받지 아니하는 거래증명특례를 인정하고 있다(법법 §116 ② 단서, 법령 §158 ②, 법칙 §79, 소법 §160의 2 ② 단서, 소령 §208의 2 ①, 소칙 §95의 3).

참고 정규증명서류 특례거래

1. 지출건당 거래금액(부가가치세 포함)이 3만원 이하인 경우
2. 농·어민과 직접 거래한 경우
3. 원천징수하는 사업소득의 경우
4. 항만공사가 공급하는 화물료징수용역의 경우
5. 사업의 포괄양도·양수의 경우
6. 방송용역의 경우
7. 전기통신용역의 경우
8. 국외거래의 경우
9. 공매·경매 또는 수용의 경우
10. 토지 또는 주택의 구입과 주택임대의 경우
11. 택시운송용역의 경우
12. 주택 외의 부동산을 구입하는 경우로서 매매계약서사본을 제출하는 경우
13. 금융보험용역의 경우
14. 항공기의 항행용역을 제공받은 경우
15. 간주임대료의 경우

16. 연체이자의 경우
17. 철도의 여객운송용역의 경우
18. 유료도로통행료의 경우
19. 다음과 같은 경비 등에 대하여 금융기관을 통하여 송금하고 법인세 또는 소득세 신고시 송금명세서를 제출하는 경우
① 법소정의 간이과세자의 부동산임대용역의 경우
② 개인사업자의 임가공용역의 경우
③ 법소정의 간이과세자의 운송용역의 경우
④ 법소정의 간이과세자의 재활용폐자원용역의 경우
⑤ 상업서류송달용역의 경우
⑥ 부동산중개수수료의 경우
⑦ 복권판매수수료의 경우(법인에 한함)
⑧ 영업권 등의 경우(개인사업자에 한함)
⑨ 전자상거래등에서의 소비자 보호에 관한 법률 제2조 제2호 본문에 따른 통신판매에 따라 재화 또는 용역을 공급받은 경우(개인사업자에 한함)
⑩ 인터넷, PC통신 또는 주문판매의 경우

1. 공급받은 재화 또는 용역의 건당 거래금액(부가가치세 포함)이 3만원 이하인 경우

공급받은 재화 또는 용역의 건당 거래금액(부가가치세 포함)이 3만원 이하인 경우에는 정규증명서류를 수취하지 아니하여도 증명서류수취불성실가산세의 규정이 적용되지 아니한다(법령 §158 ② 1호, 소령 §208의 2 ① 1호).

관련 예규

1. 법인이 사업자로부터 건당 거래금액 3만원을 초과하는 재화 또는 용역을 제공받고 그 대가를 지급하는 경우에는 「법인세법」 제116조 및 같은 법 시행령 제158조에 따라 세금계산서, 계산서, 신용카드매출전표, 현금영수증(이하 "세금계산서 등") 중 하나를 증명서류로 수취하여야 하는 것이며, 운수업을 영위하는 법인이 식사 용역을 제공받고 거래상대방으로부터 세금계산서 등이 아닌 영수증을 교부받은 경우에는 종전 「부가가치세법」 제32조에 따라 용역을 공급받은 때마다 영수증을 교부받아야 하는 것이므로 그 용역의 대가를 월 단위로 합산하여 정산하더라도 교부받은 영수증상의 거래금액을 기준으로 「법인세법」 제76조 제5항의 가산세 적용 여부를 판단함(법규법인 2012-393, 2012.11.1.).
2. 법인이 사업자로부터 건당 거래금액(부가가치세 포함)이 3만원 초과하는 재화 또는 용역을 공급받고 그 대가를 지급하는 경우 「법인세법」 제116조 및 같은 법 시행령 제158조의 규정에 의하여 세금계산서 등의 증명서류를 수취하여야 하는 것이나, 세금계산서나 계산서가 아닌 영수증을 교부받은 경우에는 종전 「부가가치세법」 제32조의 규정에 의하여 재화 또는 용역을 공급받을 때마다 영수증을 교부받아야 하는 것이므로 영수증상의 거래금액을 기준으로 「법인세법」 제76조 제5항의 규정에 의한 가산세 적용 여부를 판단함(법규법인 2012-393, 2012.11.1.; 법인 46012-2392, 2000.12.16.). ㊞

2. 농·어민과 직접 거래한 경우

농·어민으로부터 재화·용역을 직접 공급받은 경우에는 거래금액의 크기에 관계없이 정규증명서류의 수취의무가 면제된다(법령 §158 ② 2호, 소령 §208의 2 ① 5호). 농·어민은 한국표준산업분류에 의한 농업 중 작물재배업, 축산업, 작물재배 및 축산복합농업, 임업 또는 어업에 종사하는 자를 말하며, 법인은 제외한다.

그러나 농·어민과의 거래인 경우에도 농·수협협동조합 등에서 확인한 농·어민이라는 사실을 입증할 수 있는 서류를 갖추어야 할 것이다.

관련 예규

1. 인삼재배농민에게 개발·실험 중인 제품을 작물에 사용하게 하고 효능검증 대가를 지급하는 경우 지출증명서류 수취의무 유무(법인 46012-1764, 2000.8.16.)

법인이 인삼재배농민에게 개발·실험 중인 자사제품을 작물에 직접 사용하게 하여 그 효능을 검증하는 대가로 지급하는 금액은 「법인세법」 제116조의 규정에 의한 지출증명서류의 수취·보관대상에 해당하지 아니함.

2. 농가부업규모 초과 농어민으로부터 계산시 미수취시(서삼 46015-10524, 2002.3.29.)

법인이 '농업 중 축산업 등'에 종사하는 '농·어민(법인 제외)'으로부터 재화 또는 용역을 직접 공급받은 경우에는 '계산서 등'을 수취·보관하지 않아도 증명서류수취불성실가산세 적용대상 아님.

3. 제조업자의 의제매입세액공제 첨부서류 및 증명서류수취불성실가산세 해당 여부

(서삼 46015-10524, 2002.3.29.)

① 낙농품제조업을 영위하는 사업자가 「소득세법 시행령」 제9조에 규정하는 농가부업소득의 범위를 초과하는 축산업을 영위하는 자로부터 원유를 공급받아 종전 「부가가치세법」 제17조 제3항의 규정에 따라 의제매입세액을 공제받는 경우 당해 사업자는 「소득세법」 제163조 또는 「법인세법」 제121조의 규정에 의한 매입처별계산서합계표를 제출하여야 하는 것임.

② 법인이 한국표준산업분류상 농업 중 축산업에 종사하는 농·어민(법인은 제외)으로부터 재화 또는 용역을 직접 공급받고 그 대가를 지급함에 있어서 「법인세법 시행령」 제158조 제2항 제2호의 규정에 의하여 같은 법 제116조 제2항에 규정된 계산서 등을 수취·보관하지 아니하는 경우에도 같은 법 제76조 제5항에 규정된 증명서류수취불성실가산세를 적용하지 아니하는 것임.

4. 축산물을 수탁자를 통하여 매입한 경우(법인세제과-139, 2009.2.22.)

① 부가가치세가 면제되는 축산물(原乳)을 수탁자를 통하여 매입한 경우 위탁자가 수탁자로부터 계산서 수취의무 없음.

② 수탁자를 통하여 낙농가로부터 위탁매입한 경우를 농어민으로부터 "직접 공급받은 경우"로 보는 것임.

3. 원천징수하는 사업소득의 경우

(1) 내용

「소득세법」 제127조 제1항 제3호에 규정된 원천징수대상사업소득자(부가가치세가 면제되는 개인인적용역자)로부터 용역을 제공받은 경우로서 원천징수된 것에 한하여 정규증명서류를 수취하지 아니하여도 증명서류수취불성실가산세 규정이 적용되지 아니한다(법령 §158 ② 3호, 소령 §208의 2 ① 8호).

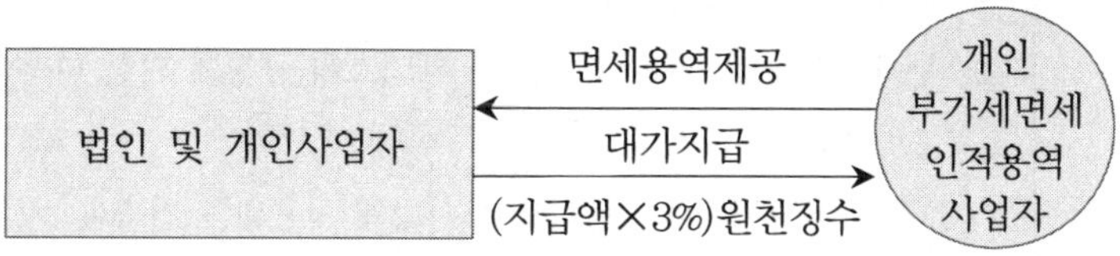

(2) 계산서와의 관계

원천징수대상 개인사업소득자로부터 용역을 제공받고 그 대가를 지급하는 경우에는 사업소득세를 원천징수하고 원천징수영수증을 발급하여야 하며, 용역의 공급자가 원천징수영수증을 발급받은 경우에는 계산서를 발급한 것으로 본다(소령 §211 ⑤).

즉 「소득세법」상 원천징수영수증을 계산서로 보기 때문에 별도의 정규증명서류 수취의무가 없는 것이다. 그러나 사업소득세의 원천징수를 못한 경우에는 반드시 정규증명서류를 수취하여야 한다.

이 규정은 사업소득 원천징수대상 사업자와의 거래에만 적용되므로 사업소득 원천징수대상자가 아닌 사업자에게 사업소득으로 원천징수를 하였다 하여 정규증명서류수취의무가 면제되지 않는다. 예를 들어 개인부동산중개업자에 대한 중개수수료는 원천징수대상소득이 아니므로 사업소득세를 원천징수하여서는 아니되고 정규증명서류를 수취하든지, 아니면 뒤에서 설명하는 바와 같이 금융기관을 통하여 지급하고 송금명세서를 제출하여야 한다.

1. 원천징수대상이 되는 사업소득의 범위(소법 §127 ① 3호, 소령 §184)

원천징수대상사업소득은 「부가가치세법」 제26조 제1항 제5호 및 동항 제15호에서 규정하는 다음의 용역을 말한다.

이러한 용역은 부가가치세가 면제되는 용역에 해당된다.

(1) 「부가가치세법」 제26조 제1항 제5호의 규정에 의한 「부가가치세법 시행령」 제35조에 게기하는 의료보건용역(「의료법」 또는 「수의사법」에 따라 의료기관 또는 동물병원을 개설한 자가 제공하는 것을 포함한다)

다만, 「약사법」에 따른 약사가 제공하는 조제용역의 공급으로 발생하는 사업소득 중 「소득세법 시행규칙」 제88조에 따라 계산한 의약품가격이 차지하는 비율에 상당하는 소득은 제외한다.

(2) 「부가가치세법」 제26조 제1항 제15호의 규정에 의한 다음에 게기하는 인적용역(부령 §42)

① 개인이 계속적·반복적으로 사업에 이용되는 건축물·기계장치 등의 사업설비(임차한 것을 포함한다)없이 근로자를 고용(고용 외의 형태로 해당 용역의 주된 업무에 대해 타인으로부터 노무 등을 제공받는 경우를 포함한다)하지 아니하고 독립된 자격으로 용역을 공급하고 대가를 받는 다음에 규정하는 인적용역

가. 저술·서화·도안·조각·작곡·음악·무용·만화·삽화·만담·배우·성우·가수 또는 이와 유사한 용역

나. 연예에 관한 감독·각색·연출·촬영·녹음·장치·조명 또는 이와 유사한 용역

다. 건축감독·학술용역 또는 이와 유사한 용역

라. 음악·재단·무용(사교무용을 포함한다)·요리·바둑의 교수 또는 이와 유사한 용역

마. 직업운동가·역사·기수·운동지도가(심판을 포함한다) 또는 이와 유사한 용역

바. 보험가입자의 모집, 저축의 장려 또는 집금 등을 하고 실적에 따라 보험회사 또는 금융기관으로부터 모집수당·장려수당·집금수당 또는 이와 유사한 성질의 대가를 받는 용역과 서적·음반 등의 외판원이 판매실적에 따라 대가를 받는 용역이 경우 외판원이 판매실적에 따라 대가를 받는 용역은 「방문판매 등에 관한 법률」에 규정된 다음 각 호의 자가 판매실적에 따라 대가를 받는 용역으로 한다. 다만, 아래 '㉰'의 경우에는 후원수당을 지급받는 분에 한한다(부칙 §30).

㉮ 방문판매원 또는 후원방문판매원

㉯ 방문판매업자 또는 후원방문판매업자로부터 사업장의 관리·운영의 위탁을 받은 자

㉰ 다단계판매원

사. 저작자가 저작권에 의하여 사용료를 받는 용역

아. 교정·번역·고증·속기·필경·타자·음반취입 또는 이와 유사한 용역

자. 고용관계없는 자가 다수인에게 강연을 하고 강연료·강사료 등의 대가를 받는 용역

차. 라디오·텔레비전방송 등을 통하여 해설·계몽 또는 연기를 하거나 심사를 하고 사례금 또는 이와 유사한 성질의 대가를 받는 용역

카. 작명·관상·점술 또는 이와 유사한 용역

타. 개인이 일의 성과에 따라 수당 또는 이와 유사한 성질의 대가를 받는 용역

② 개인·법인 또는 법인격없는 사단·재단, 그 밖의 단체가 독립된 자격으로 용역을 공급하고 대가를 받는 다음에 규정하는 인적용역

가. 「형사소송법」 및 「군사법원법」 등에 따른 국선변호인의 국선변호, 「국세기본법」에 따른 국선대리인의 국선대리 및 「법률구조법」에 의한 법률구조 및 「변호사법」에 의한 법률구조사업(부칙 §31)

나. 학술연구용역·기술연구용역

이 경우 학술연구용역과 기술연구용역이라 함은 새로운 학술 또는 기술을 개발하기 위하여 행하는 새로운 이론·방법·공법 또는 공식 등에 관한 연구용역을 말한다(부칙 §32).

다. 직업소개소 및 그밖에 상담소 등을 경영하는 자가 공급하는 다음 각 호의 1에 해당하는 용역(부칙 §33)

㉮ 인생상담·직업재활상담 및 그밖에 이와 유사한 상담용역(결혼상담을 제외한다)

㉯ 「중소기업창업지원법」에 의한 중소기업상담회사가 제공하는 창업상담용역

라. 「장애인복지법」 제40조에 따른 장애인 보조견훈련 용역

마. 「외국공공기관 또는 국제금융기구에의 가입조치에 관한 법률」 제2조의 규정에 의한 국제금융기구로부터 받은 차관자금으로 국가 또는 지방자치단체가 시행하는 국내사업을 위하여 공급하는 용역(국내사업장이 없는 외국법인 또는 비거주자가 공급하는 것을 포함한다)

바. 「민법」에 따른 후견인과 후견감독인이 제공하는 후견사무용역

사. 「가사근로자의 고용개선 등에 관한 법률」에 따른 가사서비스 제공기관이 가사서비스이용자에게 제공하는 가사서비스

아. 「직업안정법」에 따른 근로자공급 용역 (24.2.29. 신설)

자. 다른 사업자의 사업장(다른 사업자가 제공하거나 지정한 경우로서 그 사업자가 지배·관리하는 장소를 포함한다)에서 그 사업자의 시설 또는 설비를 이용하여 물건의 제조·수리, 건설, 그 밖에 이와 유사한 것으로서 기획재정부령으로 정하는 작업을 수행하기 위한 단순 인력 공급용역(「파견근로자 보호 등에 관한 법률」에 따른 근로자파견 용역은 제외한다) (24.2.29. 신설)

* 2025.1.1. 이후 용역을 공급하는 경우부터 적용한다.

2. **원천징수의무자**

사업소득의 수입금액에 대한 소득세를 원천징수하여야 할 자는 다음 각 호의 자로 한다(소법 §127 ⑧, 소령 §184 ③).

① 「소득세법」상 사업소득이 있는 거주자

② 법인세의 납세의무자

③ 국가·지방자치단체 또는 지방자치단체조합

④ 「민법」 기타 법률에 의하여 설립된 법인

⑤ 「국세기본법」 제13조 제4항의 규정에 의하여 법인으로 보는 단체

따라서 사업자가 아닌 개인은 원천징수의무자가 아니다.

3. **원천징수세율**(소법 §129 ① 3호)

사업소득에 대한 수입금액의 3%를 사업소득세로서 원천징수(개인지방소득세 10% 별도)한다.

관련 예규

1. **임시고용된 증권회사 투자상담사의 소득구분**(소득 46011-343, 1999.11.12.)

거주자가 고용관계나 이와 유사한 계약에 의하여 비독립적인 지위에서 유가증권의 매매권유 또는 매매위탁권유 등을 하고 지급받은 금액은 「소득세법」 제20조의 규정에 의하여 근로소득에 해당하는 것이나, 고용관계없이 독립된 자격으로 증권거래법 제65조의 규정에 따라 등록한 투자상담사가 유가증권의 매매권유, 매매위탁권유, 투자상담 등을 하고 그 실적에 따라 증권회사로부터 일정수수료로 받는 금액은 「소득세법」 제19조 제1항 제

15호에 규정한 사회 및 개인서비스업에서 발생하는 소득에 해당하며, 이는 같은 법 시행령 제184조의 규정에 의한 원천징수대상 사업소득으로서 원천징수세율은 3%이고, 당해연도의 종합소득금액이 있는 거주자는 그 종합소득과세표준을 당해연도의 다음 연도 5월 1일부터 5월 31일까지 납세지관할세무서장에게 신고하여야 하는 것임.

2. 판매수수료지급액의 원천징수대상 사업소득 해당 여부(제도 46011-11012, 2001.5.8.)

사업자가 고용관계가 없는 백화점의 매장판매원에게 판매실적에 따라 일정액의 판매수수료를 지급하는 경우 동 판매수수료지급액은 「소득세법 시행령」 제184조의 규정에 의한 원천징수대상 사업소득에 해당하지 아니하며, 또한 복식부기의무자인 개인사업자가 동 판매수수료를 지급하고 같은 법 제160조의 2 제2항 각 호의 규정에 의한 증명서류를 수취하지 아니한 경우에는 같은 법 제81조 제8항의 증명서류수취불성실가산세가 적용되는 것임.

3. 프로골프선수가 고용관계없이 특정법인의 로고가 새겨진 골프장비를 사용키로 함에 따라 지급받는 연봉·국내외 훈련비 및 포상금(제도 46011-12250, 2001.7.19.)

가. 프로골프선수가 실질적인 고용관계없이 특정법인의 로고가 새겨진 골프장비를 사용하기로 전속계약을 체결하고 이에 따라 지급받는 연봉, 국내외훈련비 및 포상금은 「소득세법」 제127조 제1항 제3호에 규정된 원천징수대상사업소득에 해당하는 것이며,

나. 이 경우 동 법인이 프로골프선수에게 지급하는 연봉(매월 분할지급), 국내외훈련비 및 포상금에 대하여는 「법인세법」 제40조의 규정에 의하여 동 금액이 확정되는 날이 속하는 사업연도에 이를 손금에 산입하는 것임.

다. 법인이 「소득세법」 제127조 제1항 제3호의 원천징수대상 사업소득자로부터 용역을 공급받은 경우(원천징수한 것에 한함)에는 「법인세법」 제116조 제2항의 정규영수증 수취 및 보관의무규정이 적용되지 아니하는 것임.

4. 부가가치세과세거래를 원천징수대상거래로 착오하여 세금계산서 대신 지급조서를 수취한 경우 증명서류수취불성실가산세 징수 여부

(서일 46011-11566, 2002.11.22.; 서이 46012-10269, 2001.9.27.)

법인이 인적용역을 제공받고 그 대가를 지급하면서 「소득세법」 제127조의 규정에 의하여 소득세를 원천징수하고 「소득세법」 제164조의 규정에 의하여 지급조서를 관할세무서장에게 제출한 경우에는 추후 당해 거래가 세금계산서교부대상거래로 확인되는 경우에도 「법인세법」 제76조 제5항의 규정에 의한 가산세를 적용하지 아니하는 것임.

5. 개인이 근로자를 고용하여 판매대행용역을 제공하고 받는 수수료의 부가가치세면제 여부

(서삼 46015-11752, 2003.11.10.)

인적·물적 사업설비를 갖추지 아니한 개인이 다른 사업자의 사업장에서 계약에 의하여 독립적으로 판매대행용역을 제공하고 그 판매실적에 따라 일정수수료를 받는 경우에는 종전 「부가가치세법 시행령」 제35조 제1호 타목의 규정에 의하여 부가가치세가 면제되는 것이나, 근로자를 고용하여 당해 용역을 제공하는 경우에는 동 규정에 의한 면세되는 인적용역의 범위에 해당되지 않는 것임.

6. 거주자가 인터넷 정보제공사이트에 정보제공대가의 원천징수 여부(서면3팀-156, 2007.1.17.)

거주자가 인터넷정보제공사이트 운영자와의 사전약정에 따라 본인이 정보를 직접 등록·게시하고 당해 사이트 이용자가 지불한 이용료의 일정비율에 해당하는 금액을 사이트운영자로부터 지급받는 경우, 그 대가는 「소득세법」 제19조 제1항 제15호의 규정에 의한 사업소득에 해당하는 것이며, 원천징수의무자는 인적용역사업자에게 용역제공 대가지급시 「소득세법」 제127조 및 제129조의 규정에 의해 사업소득에 대한 원천징수세율 3%를 적용하여 원천징수납부를 하여야 하고, 원천징수대상 사업소득자로부터 용역을 공급받고 사업소득 원천징수한 것에 한하여 정규증명서류 수취의무를 면제하는 것임.

7. 아마추어 운동선수의 후원비에 대한 지출증명서류(법인세과-473, 2009.4.22.)

내국법인이 아마추어 운동선수와 후원계약을 맺고 운동선수의 모자와 유니폼에 내국법인의 로고를 부착하고 시합에 출전하는 조건으로 후원금을 지급할 경우, 동 후원금은 광고선전비로 보아 「법인세법」 제19조의 규정에 따라 손금에 산입하는 것이며, 아마추어 운동선수가 「법인세법 시행령」 제158조 제1항의 사업자에 해당하지 않을 경우, 동 운동선수에게 광고선전 목적으로 지급하는 후원금은 「법인세법」 제116조에서 규정하는 정규증명서류 수취대상에 해당하지 않는 것임.

4. 항만공사가 공급하는 화물료징수용역의 경우

「항만공사법」에 의한 항만공사가 공급하는 동법 시행령 제13조 제1항 제1호 다목의 규정(국제여객터미널이용료)에 의한 화물료징수용역은 정규증명서류를 수취

하지 아니하여도 가산세규정이 적용되지 아니한다(법령 §158 ② 4호).

5. 기타 거래

기타 기획재정부령이 정하는 다음의 거래에 대하여는 정규증명서류를 수취하지 아니하여도 가산세규정이 적용되지 아니한다(법령 §158 ② 5호, 법칙 §79, 소칙 §95의 3).

(1) 사업의 포괄양도 · 양수의 경우

「부가가치세법」 제10조의 규정에 의하여 재화의 공급으로 보지 아니하는 사업의 양도(사업의 포괄양도·양수)에 의하여 재화를 공급받은 경우에는 정규증명서류의 수취의무는 없다(법칙 §79 1호, 소칙 §95의 3 1호).

사업의 포괄양도·양수에 대하여 정규증명서류의 수취의무는 없으나 양도·양수계약서 등의 다른 증명서류는 갖추어야 할 것이다.

참고 사업양도의 범위

재화의 공급으로 보지 아니하는 사업의 양도는 사업장별(「상법」에 의하여 분할 또는 분할합병한 경우에는 동일한 사업장 안에서 사업부문별로 양도한 경우를 포함한다)로 그 사업에 관한 모든 권리와 의무를 포괄적으로 승계시키는 것(「법인세법」 제46조 제2항 또는 제47조 제1항의 요건을 갖춘 분할의 경우 및 양수자가 승계받은 사업 외에 새로운 사업의 종류를 추가하거나 사업의 종류를 변경한 경우를 포함한다)으로 한다. 이 경우 그 사업에 관한 권리와 의무 중 다음 각 호의 것을 포함하지 아니하고 승계시킨 경우에도 해당 사업을 포괄적으로 승계시킨 것으로 본다(부법 §10 ⑨ 2호, 부령 §23, 부칙 §8의 3 ⑯).

1. 미수금에 관한 것

> 2. 미지급금에 관한 것
> 3. 당해 사업과 직접 관련이 없는 토지·건물에 관한 것으로서 다음에서 정하는 것
>   ① 사업양도자가 법인인 경우 : 「법인세법」상 업무와 관련없는 토지·건물(「법인세법 시행령」 제49조 제1항의 규정에 의한 자산)
>   ② 사업양도자가 법인이 아닌 사업자인 경우 : 위 '①'의 자산에 준하는 자산

(2) 방송용역의 경우

부가가치세가 면제되는 「부가가치세법」 제26조 제1항 제8호에 따른 방송용역을 제공받은 경우 방송용역은 정규증명서류수취의무의 대상에서 제외된다(법칙 §79 2호, 소칙 §95의 3 2호).

(3) 전기통신용역의 경우

「전기통신사업법」에 의한 전기통신사업자로부터 전기통신용역을 공급받은 경우에는 정규증명서류수취의무대상에서 제외된다. 다만, 「전자상거래 등에서의 소비자보호에 관한 법률」에 따른 통신판매업자가 「전기통신사업법」에 따른 부가통신사업자로부터 동법 제4조 제4항에 따른 부가통신역무를 제공받는 경우는 정규증명서류수취의무대상이 된다(법칙 §79 3호, 소칙 §95의 3 3호).

실무적으로는 전기통신사업자로부터 전기통신용역에 대하여 세금계산서를 수취하거나 용역을 공급받는 자의 사업자등록번호가 기재된 지로용지 등을 수취하고 있다.

(4) 국외거래의 경우

국외에서 재화 또는 용역을 공급받은 경우에는 정규증명서류의 수취의무대상에서 제외된다. 다만, 세관장이 세금계산서 또는 계산서를 교부한 경우를 제외한다

(법칙 §79 4호, 소칙 §95의 3 4호).

관련 예규

1. **외국항행선박에 유류공급하는 경우**(법인 46012-1877, 2000.9.5.)

   외국항행사업을 영위하는 사업자가 국내사업자로부터 선박에 사용할 유류를 국외에서 인수하고 그 대가를 국내에서 외화로 지급하는 경우는 국외에서 재화 또는 용역을 공급받는 경우에 해당됨.

2. **외국법인으로부터 편의상 국내하청업체로부터 공급받는 경우**(법인 46012-1947, 2000.9.20.)

   국내에 사업장이 없는 외국법인으로부터 재화 또는 용역을 공급받고 그 대가를 외국법인에게 지급하는 내국법인이 그 외국법인으로부터 대가를 지급받는 국내하청업체로부터 편의상 재화 또는 용역의 일부를 국내에서 공급받는 경우에는 「법인세법」 제116조에 규정한 지출증명서류의 수취 및 보관의무가 없는 것임.

3. **해외에서 경비지출시 수취해야 할 지출증명서류의 범위**(소득 46011-21273, 2000.10.30.)

   ① 사업소득의 필요경비는 「소득세법」 제27조 및 같은 법 시행령 제55조의 규정에 의하여 당해연도의 총수입금액에 대응하는 비용으로서 일반적으로 용인되는 통상적인 것의 합계액으로 함. 따라서 무역업을 영위하는 거주자가 해외에서 업무와 관련하여 지출한 경비는 필요경비에 산입할 수 있는 것임. 이 경우 지출증명서류로는 영수증, 계산서, 계약서 등 당해 거래사실을 객관적으로 증명할 수 있는 것이면 되는 것이며, 거래내역을 해당 계정과목에 기록할 때에는 기업회계기준 제3조의 규정에 의하여 사업자의 실정에 따라 실용적인 방법으로 기록할 수 있음.

   ② 외화로 지출한 해외경비의 원화환산시에 적용하는 환율은 당해 외화를 거래은행에서 매입할 때 실제로 적용한 환율로 환산하는 것임.

4. **국제운수용역업을 하는 외국법인의 국내지점에 대한 증명서류수취불성실가산세 적용 여부**

   (제도 46017-12462, 2001.7.28.)

   한·중조세협약 제8조의 규정에 의하여 국제운수상 선박 또는 항공기의 운행으로부터 발생하는 이윤에 대해 상호면세적용을 받는 중국법인 국내지점이 사업자로부터 재화 또는 용역을 공급받고 「법인세법」 제116조 제2항의 규정에 따른 증명서류를 수취하지 않는 경우, 동 국내지점은 같은 법 제76조 제5항 및 같은 법 제97조 제1항의 규정에 의하여 그 수취하지 아니한 금액의 100분의 2에 상당하는 금액을 가산한 금액을 법인세과세표준 및 세액신고시에 법인세로 신고·납부하여야 하는 것임.

5. **중계무역의 지출증명서류**(법인 46012-2277, 2000.11.21.; 서이 46012-11944, 2003.11.10.)

무역업을 영위하는 법인이 국내거래처와 재화의 납품계약을 체결하고 동 국내거래처의 국외소재하청업체로부터 국외에서 재화를 공급받아 직접 제3국으로 수출하는 경우에는 「법인세법 시행규칙」 제79조 제4호에 규정한 국외에서 재화 또는 용역을 공급받는 경우에 해당됨(따라서 정규증명서류를 수취할 의무가 없음).

6. **위탁가공무역의 지출증명서류**(부가 46015-754, 2000.4.3.)

수출업자가 제3국으로부터 수출주문을 받고 국내의 다른 사업자와 하청계약을 체결한 후 국내의 다른 사업자가 국외에서 위탁가공하기 위하여 원자재를 무환수출하여 국외에서 위탁가공한 후 국내에 반입하지 아니하고 수출업자명의로 제3국으로 선적하는 경우 국내의 다른 사업자가 수출업자로부터 받는 대가에 대하여는 종전 「부가가치세법」 제1조의 규정에 의한 부가가치세과세대상에 해당하지 아니하는 것으로 세금계산서를 교부할 수 없는 것임.

7. **국내사업장이 없는 외국선박회사로부터 외국항행용역을 제공받은 경우**

(법인 46012-2350, 2000.12.8.)

법인이 국내사업장이 없는 외국선박회사로부터 외국항행용역을 제공받는 경우에는 '국외에서 재화 또는 용역을 공급받는 경우'에 해당됨.

8. **대외무역법상 외국인수수입조건으로 수입면장을 받을 수 없을 경우**

(서면2팀-2156, 2005.12.22.; 서이-378, 2004.3.4.)

내국법인이 외국법인으로부터 국외에서 재화 또는 용역을 공급받는 경우(세관장이 세금계산서 또는 계산서를 교부한 경우는 제외)에는 「법인세법 시행령」 제158조 제2항 제4호 및 같은 법 시행규칙 제79조 제4호의 규정에 의하여 지출증명서류의 수취특례가 적용되는 것이고, 당해 법인은 각 사업연도에 그 사업과 관련된 모든 거래에 관한 증명서류를 작성 또는 수취하여 「법인세법」 제60조의 규정에 의한 신고기한이 경과한 날로부터 5년간 이를 보관하여야 함.

9. **원양어선업이 국내사업자로부터 국외에서 재화 또는 용역을 공급받는 경우**

(법인세과-894, 2013.9.12.)

① 국외에서 내국법인 간에 재화 또는 용역의 공급이 이루어진 경우 공급하는 자는 「법인세법」 제121조에 따라 계산서 발급의무가 있는 것임.

② 원양어선업을 영위하는 내국법인이 국내사업자로부터 국외에서 재화 등을 공급받는 경우에는 같은 법 시행규칙 제79조 제4호에 따른 "국외에서 재화 또는 용역을 공급받는 경우"에 해당하는 것임.

10. **국외의 의미**(조심 2018서45, 2018.10.24.)

「법인세법 시행규칙」 제79조 제4호의 '국외'는 특별한 사정이 없는 한 사전적으로 해석하는 것이 타당함. 청구법인이 ㅇㅇ해운으로부터 쟁점유류를 공급받은 장소인 '공해'가 동 조항의 국외에 해당된다고 할 수 있음. ⓜ

(5) 공매 · 경매 또는 수용의 경우

공매·경매 또는 수용에 의하여 재화를 공급받은 경우에는 정규증명서류의 수취 의무대상에서 제외된다(법칙 §79 5호, 소칙 §95의 3 5호).

그러나 수용으로 인하여 재화가 공급되는 경우에는 당해 사업시행자가 세금계산서를 발급할 수 있다(부령 §69 ④).

관련 예규

1. **경매에 의한 사업용자산공급시 부가가치세과세표준 등**(재경부 소비 46015-56, 2003.3.3.)

당해 사업자의 사업용자산이 법원의 경매에 의하여 공급되는 경우로서 당해 자산을 감정평가가액에 의하여 경매하고 부가가치세에 대하여 별도의 언급이 없는 경우 경락가액에 부가가치세는 포함되지 아니한 것으로 보는 것이며, 이 경우 경매자산의 소유자인 사업자가 당해 재화의 경락가액을 공급대가 또는 공급가액으로 보아 세금계산서를 교부한 때에 이를 교부받은 경락자는 자기의 매출세액에서 매입세액으로 공제받을 수 없는 것임. 그러나 사업용자산을 경매함에 있어서 법원이 경매공고시 부가가치세를 별도로 공고하여 거래징수하고 법원 또는 사업자가 세금계산서를 교부한 경우로서 당해 경매자산이 경락받은 사업자의 과세사업에 사용되는 경우 당해 매입세액은 종전 「부가가치세법」 제17조 제1항의 규정에 의하여 매출세액에서 공제받을 수 있는 것임. ⓜ

(6) 토지 또는 주택의 구입과 주택임대의 경우

토지 또는 주택을 구입하거나 주택의 임대업을 영위하는 자(법인을 제외한다)로부터 주택임대용역을 공급받은 경우에는 정규증명서류의 수취의무대상에서 제외된다(법칙 §79 6호, 소칙 §95의 3 6호).

건축물이 없는 토지와 주택의 매매는 소유권이전등기를 경료하며 검인계약서 등을 작성·제출하여야 함으로 그 거래내용이 파악되고, 주택임대는 부가가치세가 면제되고 임대자가 대부분 개인이므로 정규증명서류수취대상에서 제외된다. 그러나 법인사업자는 사업자등록을 하고 있기 때문에 계산서를 수취해야 한다.

이때의 토지는 나대지나 주택의 부속토지를 말하므로 상가 등 기타 건물의 부속토지는 아래 '(8)'의 규정에 따른다. 또한 주택을 제외한 건물의 임대용역을 제공받는 경우는 이 규정에 해당되지 아니하므로 정규증명서류를 수취해야 할 것이다.

(7) 택시운송용역을 제공받은 경우

택시운송용역을 제공받는 경우에는 정규증명서류를 수취하지 아니하여도 된다(법칙 §79 7호, 소칙 §95의 3 7호).

(8) 주택 외의 부동산을 구입하는 경우로서 매매계약서사본 제출하는 경우

건물(토지를 함께 공급받은 경우에는 당해 토지를 포함하며, 주택을 제외한다)을 구입하는 경우로서 거래내용이 확인되는 매매계약서 사본을 「법인세법」 제60조의 규정에 의한 법인세과세표준신고서 또는 소득세과세표준신고서에 첨부하여 납세지관할세무서장에게 제출하는 경우에는 정규증명서류의 수취의무대상에서 제외된다(법칙 §79 8호, 소칙 §95의 3 8호).

사업자로부터 사업용건물(부수토지 포함)을 매입하여 세금계산서 및 계산서를 교부받는 경우에는 세금계산서 등을 제출하면 되고, 사업자가 아닌 개인에게 공급받는 경우에도 매매계약서 사본을 제출하면 가산세는 적용되지 아니한다.

또한 간이과세자나 미등록사업자로부터 매입하는 경우에는 사업의 포괄양도·양수에 해당되는 경우를 제외하고는 반드시 매매계약서사본을 제출하여야 한다.

그러나 토지 중 나대지와 주택은 이 규정에 해당되지 아니하며, 위 '(6)'의 규정을 적용한다.

(9) 금융·보험용역의 경우

「소득세법 시행령」 제208조의 2 제1항 제3호의 규정에 의한 금융·보험용역을 제공받은 경우에는 정규증명서류의 수취의무대상에서 제외된다(법칙 §79 9호, 소령 §208의 2 ① 3호).

* 법인이 한국표준산업분류상 금융 및 보험업에 해당하는 재화 또는 용역을 공급하는 때에는 공급받은 자가 소비자뿐만 아니라 사업자인 경우에도 「법인세법」 제121조 제1항 및 「소득세법 시행령」 제211조 제2항의 규정에 의한 영수증을 교부할 수 있는 것이나, 재화 또는 용역을 공급받은 사업자가 사업자등록증을 제시하고 계산서의 교부를 요구하는 때에는 계산서를 교부하여야 하는 것임(법인세과-43, 2011.1.13.).

(10) 항공기의 항행용역을 제공받은 경우

항공기의 항행용역을 제공받는 경우로서 국내구간이든 국제구간이든 관계없이 정규증명서류의 수취의무대상에서 제외된다. 「부가가치세법」상 항공기에 의한 외국항행용역은 국내사업장 유무에 관계없이 세금계산서 교부의무가 면제(부령 §71 ① 4호)되므로 정규증명서류수취 특례사항으로 규정하고 있다(법칙 §79 9의 3호, 소칙 §95의 3 8의 3호).

그러나 선박에 의한 외국항행용역의 경우에는 공급받는 자가 국내사업자인 경우 세금계산서를 교부하여야 하며 정규증명서류수취의무도 발생한다.

관련 예규

1. 운송주선용역을 제공받는 경우(소득 46011-484, 1999.12.13.)

사업자가 국제복합운송계약에 의하여 화주로부터 화물을 인수하여 자기명의로 선하증권·항공화물운송장 등을 발급하고 타인의 운송수단을 이용하여 자기책임하에 국제간에 화물을 수송해 주는 운송주선사업자로부터 운송용역을 제공받는 경우에는 세금계산서 등을 증명서류로 수취하여야 하며, 복식부기의무자가 세금계산서 이외의 증명서류를 수취한 경우에는 증명서류수취불성실가산세를 적용함.

2. 국제운송주선업의 세금계산서 교부

① 운송주선업을 영위하는 사업자 갑이 항공기에 의한 외국항행용역을 제공하는 사업자 을과 항공화물의 판매대리계약을 체결한 후 을사업자를 대신하여 화주와 화물의 국제운송계약을 체결하고 을사업자의 명의로 항공화물운송장을 발급한 후 화주로부터 운임을 받아 을사업자에게 송금하는 경우에 항공기에 의한 외국항행용역은 종전 「부가가치세법 시행령」 제57조 제3호의 규정에 의하여 세금계산서교부의무가 면제되는 것으로 당해 운임에 대하여는 갑사업자가 세금계산서를 교부할 수 없는 것임(부가 46015-4863, 1999.12.11.).

② 운송주선업자가 상법 제116조의 규정에 의하여 자기의 책임하에 타인의 화물을 직접 운송할 것을 약정하고 다른 운송업자에게 의뢰하여 동 화물을 운송하는 경우 화주에게 화주로부터 받는 운임 전액에 대하여 자기의 명의로 세금계산서를 교부하는 것이나, 당해 운송주선업자가 국외운송업자의 국내 대리인으로서 국외운송업자가 발행한 선하증권 및 항공화물운송장을 수취하여 국내 수입업자에게 단순히 인도하고 운임을 징수하여 국외운송업자에게 송금하는 경우 당해 국외운송용역에 대하여는 세금계산서 교부의무가 없는 것임(부가 46015-1660, 1999.6.11.).

(11) 간주임대료의 경우

부동산임대용역을 제공받은 경우로서 「부가가치세법 시행령」 제65조 제1항의 규정을 적용받는 전세금 또는 임대보증금에 대한 부가가치세액(간주임대료에 대한 부가가치세액)을 임차인이 부담하는 경우에는 정규증명서류의 수취의무대상에서 제외된다(법칙 §79 9의 4호, 소칙 §95의 3 8의 4호).

간주임대료는 세금계산서의 교부의무가 면제되므로(부령 §71 6호) 정규증명서류의 수취의무는 면제된다.

(12) 연체이자의 경우

공급에 대한 대가의 지급지연이 지체되었다는 이유로 받은 연체이자는 부가가치세과세표준에 포함하지 아니하므로(부법 §29 ⑤ 5호) 이를 감안하여 정규증명서류의 수취의무대상에서 제외시켰다(법칙 §79 9의 5호, 소칙 §95의 3 8의 5호).

법인이 발주법인의 하도급공사를 이행하면서 도급공사 및 납품계약서상 그 기일의 지연으로 인하여 부담하는 지체상금에 대하여는 「법인세법」 제76조 '정규증명서류의 수취 및 보관'의 규정을 적용하지 아니한다(법인 46012-2008, 2000.9.29.).

(13) 철도의 여객운송용역의 경우

「한국철도공사법」에 의한 한국철도공사로부터 철도의 여객운송용역을 공급받는 경우에는 정규증명서류의 수취의무대상에서 제외된다(법칙 §79 9의 6호).

(14) 유료도로통행료의 경우

「유료도로법」 제2조 제2호에 따른 유료도로를 이용하고 통행료를 지급하는 경우에는 정규증명서류의 수취의무대상에서 제외된다(법칙 §79 11호, 소칙 §95의 3 8의 6호).

(15) 경비 등 송금명세서를 제출하는 경우

현실적으로 정규증명서류를 수취하기 어려운 거래 중 다음 각 호의 어느 하나에 해당하는 경우로서 공급받은 재화 또는 용역의 거래금액을 「금융실명거래 및 비밀보장에 관한 법률」에 의한 금융기관을 통하여 지급한 경우로서 「법인세법」 제60조에 따른 법인세과세표준신고서 또는 소득세과세표준확정신고서에 송금사실을 기재한 경비 등의 송금명세서를 첨부하여 납세지관할세무서장에게 제출하는 경우에는 정규증명서류의 수취의무대상에서 제외된다(법칙 §79 10호, 소칙 §95의3 9호).

이 경우 법인이 「법인세법 시행규칙」 제79조 제10호의 정규증명서류의 수취특례규정을 적용함에 있어서 재화 또는 용역을 공급받은 사업자에게 직접 같은 조가 정하는 금융기관을 통하여 지급하지 아니한 경우에는 「법인세법」 제76조 제5항의 가산세를 징수한다(제도 46012－11826, 2001.6.30.).

① 간이과세자의 부동산임대용역의 경우

「부가가치세법」 제61조의 규정을 적용받는 사업자(간이과세자[주])로부터 부동산임대용역을 제공받은 경우에는 정규증명서류의 수취의무대상에서 제외된다.

[주] 「소득세법 시행규칙」 제95조의 3 제9호는 다음과 같이 규정하고 있어, 「법인세법 시행규칙」과 다르다.

> 간이과세자 중 다음 각 목의 어느 하나에 해당하는 자
> 가. 직전 연도의 공급대가의 합계액(직전 과세기간에 신규로 사업을 시작한 개인사업자의 경우 「부가가치세법 시행령」 제61조 제2항에 따라 환산한 금액)이 4천800만원 미만인 자
> 나. 신규로 사업을 시작하는 개인사업자로서 「부가가치세법 시행령」 제61조 제4항에 따라 간이과세자로 하는 최초의 과세기간 중에 있는 자

관련 예규

1. 미등록사업자와의 부동산임대용역거래시 지출증명서류 특례적용 여부

(제도 46011-12053, 2001.7.12.)

거주자가 미등록사업자로부터 부동산임대용역을 공급받는 경우에는 「소득세법 시행규칙」 제95조의 2 제9호 가목의 경비 등의 지출증명서류특례규정이 적용되지 아니하는 것임.

2. 간이과세자로부터 부동산임대용역을 공급받은 경우 증명서류 수취방법

(제도 46011-11294, 2001.6.1.)

종전 「부가가치세법」 제25조의 규정을 적용받는 간이과세자로부터 부동산임대용역을 공급받은 경우에 그 거래금액을 금융기관을 통하여 지급하고 과세표준확정신고서에 그 송금명세서를 첨부하여 관할세무서장에게 제출한 경우에는 「소득세법」 제81조 제8항 단서 및 「소득세법 시행규칙」 제95조의 2 제9호의 규정에 의하여 증명서류수취불성실가산세를 적용하지 아니하는 것임. 따라서 그 거래금액을 금융기관을 통하지 아니하고 지급한 경우에는 증명서류수취불성실가산세의 적용대상이 되는 것이나, 그 거래금액을 지급하지 아니하여 송금명세서를 첨부하지 못한 경우에는 증명서류수취불성실가산세의 적용대상에 해당하지 아니하는 것임.

② 개인사업자의 임가공용역의 경우

개인사업자로부터 임가공용역을 제공받는 경우에는 정규증명서류의 수취의무가 제외되며, 이 경우 개인사업자는 간이과세자나 일반과세자를 불문한다. 그러나 법인으로부터 임가공용역을 제공받는 경우에는 정규증명서류를 수취하여야 한다.

관련 예규

1. 미등록자와의 임가공용역(소득 46011-543, 1999.12.28.)

복식부기의무자가 사업자(미등록사업자 포함)로부터 임가공용역을 제공받은 경우(법인 및 「부가가치세법」상 일반과세자와의 거래 제외) 그 거래금액을 금융실명거래및비밀보장에관한법률에 의한 금융기관을 통하여 지급하는 경우로서 과세표준확정신고서에 송금사실을 기재한 경비 등의 송금명세서를 첨부하여 납세지관할세무서장에게 제출하는 경우 증명서류수취불성실가산세를 적용하지 아니함.

2. **가정주부로부터 임가공용역을 제공받는 경우**(법인 46012-77, 2000.1.11.)

법인이 가정주부로부터 「소득세법 기본통칙」 14-1에 해당하는 가내부업적인 용역을 제공받고 「소득세법」 제14조 제3항 제2호에 해당하는 대가를 지급받는 경우에는 「법인세법」 제116조 제2항의 지출증명서류수취대상에서 제외됨.

3. **건설업의 외주비의 경우**(서면1팀-873, 2007.6.25.)

「소득세법 시행규칙」 제95조의 2 제9호 나목의 지출증명서류 특례가 적용되는 임가공용역에는 건설업의 외주(용역)비는 포함되지 아니함.

③ 간이과세자의 운송용역의 경우

운수업을 영위하는 간이과세자㈜가 제공하는 운송용역을 공급받은 경우에는 정규증명서류의 수취의무대상에서 제외된다. 다만, 위 '(7)'의 택시운송용역의 경우에는 동 규정에 의하여 정규증명서류의 수취의무대상에서 제외된다.

㈜ 「소득세법 시행규칙」 제95조의 3 제9호는 다음과 같이 규정하고 있어, 「법인세법 시행규칙」과 다르다.

> 간이과세자 중 다음 각 목의 어느 하나에 해당하는 자
> 가. 직전 연도의 공급대가의 합계액(직전 과세기간에 신규로 사업을 시작한 개인사업자의 경우 「부가가치세법 시행령」 제61조 제2항에 따라 환산한 금액)이 4천800만원 미만인 자
> 나. 신규로 사업을 시작하는 개인사업자로서 「부가가치세법 시행령」 제61조 제4항에 따라 간이과세자로 하는 최초의 과세기간 중에 있는 자

관련 예규

1. **화물운송대행용역의 지출증명서류**(법인 46012-3828, 1999.10.28.)

「법인세법 시행규칙」 제79조 제10호 다목의 규정에 의하여 지출증명서류의 수취특례가 적용되는 운수업을 영위하는 자(「부가가치세법」상 간이과세자에 한함)가 제공하는 운송용역에는 직접 화물운수사업체를 갖지 아니하고 수수료 또는 계약에 의하여 화물운송에 관한 책임을 지고 탁송자로부터 수령자에게 화물을 운송하는 화물운송대행용역은 포함되지 아니함.

2. **개인셔틀버스운영업자가 학원생들의 수송용역을 제공하고 대가를 받는 경우 금융기관송금명세서의 거래증명서류 인정 여부**(소득 46011-380, 2000.3.22.)

학원을 운영하는 사업자가 개인셔틀버스운영업자(「부가가치세법」 제25조의 규정에 의한 간이과세자에 한함)와 용역계약을 체결하여 학원생들을 수송하게 하는 경우 용역대가를 금융기관을 통하여 지급하고 과세표준확정신고시 송금명세서를 첨부하여 제출하는 때에는 「소득세법 시행규칙」 제95조의 2 제9호 다목의 규정에 의하여 증명서류수취불성실가산세가 적용되지 아니함.

3. **화물운송대금을 어음으로 지급한 경우**(법인 46012-22, 2001.2.1.)

법인이 운수업을 운영하는 자(「부가가치세법」 제25조의 규정을 적용받는 간이과세자에 한함)로부터 운송용역을 제공받고 그 대가를 약속어음으로 지급하였다 하더라도 동 약속어음의 당좌예금구좌에서 운송용역 제공업체의 예금구좌로 이체되었음이 확인되는 서류를 「법인세법」 제60조의 규정에 따라 법인세과세표준신고시 첨부하여 제출하는 경우에는 「법인세법」 제116조 제2항 및 동법 제76조 제5항의 규정을 적용하지 아니하는 것임.

④ 재활용폐자원용역의 경우

「부가가치세법」 제61조의 규정을 적용받는 간이과세자㈜로부터 「조세특례제한법 시행령」 제110조 제4항 각 호에 따른 재활용폐자원 등이나 「자원의 절약과 재활용촉진에 관한 법률」 제2조 제2호의 규정에 의한 재활용가능자원(동법 시행규칙 별표 1 제1호 내지 제9호에 열거된 것에 한한다)을 공급받은 경우에는 정규증명서류의 수취의무대상에서 제외된다.

㈜ 「소득세법 시행규칙」 제95조의 3 제9호는 다음과 같이 규정하고 있어, 「법인세법 시행규칙」과 다르다.

> 간이과세자 중 다음 각 목의 어느 하나에 해당하는 자
> 가. 직전 연도의 공급대가의 합계액(직전 과세기간에 신규로 사업을 시작한 개인사업자의 경우 「부가가치세법 시행령」 제61조 제2항에 따라 환산한 금액)이 4천800만원 미만인 자
> 나. 신규로 사업을 시작하는 개인사업자로서 「부가가치세법 시행령」 제61조 제4항에 따라 간이과세자로 하는 최초의 과세기간 중에 있는 자

⑤ 상업서류송달용역의 경우

「항공사업법」에 의한 상업서류 송달용역을 제공받는 경우에는 정규증명서류의

수취의무대상에서 제외된다.

이것은 거래건수가 과다한 DHL, UPS 등의 상업서류송달용역에 대해 「부가가치세법」상 세금계산서 교부의무를 면제하고 있는 것(부법 §23 ②, 부령 §71 ① 4호)을 감안하여 경비 등의 송금명세서를 제출하면 증명서류수취불성실가산세가 적용되지 아니한다.

⑥ 부동산중개수수료의 경우

「공인중개사의 업무 및 부동산 거래신고에 관한 법률」에 따른 중개업자에게 수수료를 지급하는 경우에는 정규증명서류의 수취의무대상에서 제외된다.

이 경우 중개업자의 범위에는 법인과 「부가가치세법」상 개인사업자를 포함한다(서이 46012-11285, 2003.7.8.).

⑦ 복권판매수수료의 경우

「복권 및 복권기금법」에 의한 복권사업자가 복권을 판매하는 자에게 수수료를 지급하는 경우에는 정규증명서류의 수취의무대상에서 제외된다. 단, 이 규정은 수수료를 지급하는 자가 법인인 경우에 한하여 적용되며 개인사업자인 경우에는 정규증명서류를 수취하여야 한다(소칙 §95조의 3은 해당규정이 없음).

⑧ 「전자상거래 등에서의 소비자보호에 관한 법률」 제2조 제2호 본문에 따른 통신판매에 따라 재화 또는 용역을 공급받은 경우(소칙 §95의 3 9호 아목)

본 규정은 공급받는 자가 개인사업자의 경우에 한하여 적용되며 법인인 경우에는 정규증명서류를 수취하여야 한다.

⑨ 영업권 등의 경우

광업권, 어업권, 산업재산권, 산업정보, 산업상 비밀, 상표권, 영업권, 토사석의 채취허가에 따른 권리, 지하수의 개발·이용권 그밖에 이와 유사한 자산이나 권리를 공급받는 경우에는 정규증명서류의 수취의무대상에서 제외된다.

본 규정은 공급받는 자가 개인사업자의 경우에 한하여 적용되며 법인인 경우에는 정규증명서류를 수취하여야 한다(소칙 §95의 3 9호 마목).

⑩ 기타 국세청장이 정하여 고시하는 경우

지출증명서류의 수취특례거래고시(국세청고시 제2025－2호, 2025.2.1.) 1. 인터넷, PC통신 및 TV홈쇼핑을 통하여 재화 또는 용역을 공급받는 경우 2. 우편송달에 의한 주문판매를 통하여 재화를 공급받는 경우

「법인세법 시행규칙」 [별지 제24호 서식] (2013.6.28. 개정)

경비 등의 송금명세서

사업연도	. . . ~ . . .

공급받는 자 (신고법인)	① 법 인 명	② 사업자등록번호
	③ 대표자성명	④ 전화번호

거래, 송금내역 및 공급자

⑤ 일련번호	⑥ 거래일자	⑦ 법인명(상호) / ⑧ 성 명	⑨ 사 업 자 등록번호	⑩ 거래내역	⑪ 거래금액	⑫ 송금일자	⑬ 은 행 명 / ⑭ 계좌번호
계							

210mm×297mm[백상지 80g/㎡ 또는 중질지 80g/㎡]

작성방법

1. 본 명세서의 작성대상은 아래와 같습니다.

가. 법인이 「법인세법 시행령」 제41조 제2항 제2호에 따라 농·어민(한국표준산업분류에 따른 농업 중 작물재배업 · 축산업 · 복합농업, 임업 또는 어업에 종사하는 자를 말하며, 법인은 제외한다)으로부터 직접 재화를 공급받는 경우 금융회사 등을 통하여 그 대가를 지급하는 거래에 대하여 작성합니다.

나. 법인이 3만원을 초과하는 재화 또는 용역을 공급받고 그 대가를 「법인세법 시행규칙」 제79조 제10호에 따라 금융회사 등을 통하여 지급하는 다음의 거래에 대하여 작성합니다.

구 분	내 용
①	「부가가치세법」 제61조를 적용받는 사업자로부터 부동산임대용역을 제공받은 경우
②	임가공용역을 제공받은 경우(법인과의 거래를 제외한다)
③	운수업을 영위하는 자(「부가가치세법」 제61조를 적용받는 사업자에 한한다)가 제공하는 운송용역을 공급받은 경우(제7호의 규정을 적용받는 경우를 제외한다)
④	「부가가치세법」 제61조를 적용받는 사업자로부터 「조세특례제한법 시행령」 제110조 제4항 각 호의 규정에 의한 재활용폐자원 등이나 「자원의 절약과 재활용 촉진에 관한 법률」 제2조 제2호에 따른 재활용가능자원(동법 시행규칙 별표 1 제1호 내지 제9호에 열거된 것에 한한다)을 공급받은 경우
⑤	「항공법」에 의한 상업서류 송달용역을 제공받는 경우
⑥	「공인중개사의 업무 및 부동산 거래신고에 관한 법률」에 따른 중개업자에게 수수료를 지급하는 경우
⑦	「복권 및 복권기금법」에 의한 복권사업자가 복권을 판매하는 자에게 수수료를 지급하는 경우
⑧	「전자상거래 등에서의 소비자보호에 관한 법률」 제2조 제2호 본문에 따른 통신판매에 따라 재화 또는 용역을 공급받은 경우

2. 「2. 거래 및 송금내역, 공급자」는 거래일자 순으로 거래상대방의 인적사항과 거래내역 등을 적습니다.
3. ⑩ 란은 공급받은 재화 또는 용역의 품명, 내용 등을 적습니다.
4. ⑭ 란은 무통장입금, 계좌자동이체, 지로송금시 거래상대방의 계좌번호 또는 지로번호를 적습니다.

제6절 기부금 및 기업업무추진비에 대한 지출증명서류

1. 기부금의 지출증명서류

(1) 기부금영수증

1) 기부금 지출자

기부금은 사업과 직접 관계가 없는 자에게 대가를 받지 아니하고 금전 또는 물품 등을 기증하는 재산가액을 말한다. 기부금은 사업과 관련없이 지급하는 점에서 기업업무추진비와 구분되며, 특정한 단체 등에 지급하는 점에서 광고선전비와 구분된다.

기부금을 지출한 법인이 손금산입을 하고자 하는 경우에는 기획재정부령이 정하는 기부금영수증을 받아서 보관하여야 한다(법령 §39 ④).

여기서 "기획재정부령이 정하는 기부금영수증"이란 다음 각 호의 내용이 모두 포함된 것을 말한다(법칙 §19의 3).

① 기부법인명, 사업자등록번호, 본점 등의 소재지

② 기부금영수증을 발급하는 단체의 단체명, 사업자등록번호 · 고유번호, 소재지(이하 "단체명등"이라 하며, 지점 또는 분사무소에서 기부금영수증을 발급하는 경우 지점 또는 분사무소 기준의 단체명등을 추가로 포함할 수 있다)

③ 기부금액, 기부일자, 기부금영수증 발급일자

개인의 경우 「소득세법」 제52조 제6항의 규정에 의한 기부금공제를 받을 경우에는 기부금명세서를 원천징수의무자(연말정산의 경우) 또는 관할세무서장(종합소득세신고의 경우)에게 제출하여야 한다. 이 경우 기부금영수증을 첨부하되, 「정치자금법」 등 관련법령에서 영수증을 별도로 정하고 있는 경우에는 당해 법령에서 정하는 바에 의하며, 원천징수의무자가 기부금을 일괄징수하는 경우에는 기부금영수증을 첨부하지 아니할 수 있다(소칙 §58 ① 5호).

① 법인의 경우

■ 법인세법 시행규칙 [별지 제63호의 3 서식] 〈개정 2023.3.20.〉

일련번호	

기 부 금 영 수 증

※ 뒤쪽의 작성방법을 읽고 작성하여 주시기 바랍니다. (앞쪽)

❶ 기부자	
성명(법인명)	주민등록번호 (사업자등록번호)
주소(소재지)	

❷ 기부금 단체	
단 체 명	사업자등록번호(고유번호)
(지 점 명*)	(지점 사업자등록번호 등)
소 재 지	기부금공제대상 공익법인등 근거법령
(지점 소재지)	
* 기부금 단체의 지점(분사무소)이 기부받은 경우, 지점명 등을 추가로 기재할 수 있습니다.	

❸ 기부금 모집처(언론기관 등)	
단 체 명	사업자등록번호
소 재 지	

❹ 기부내용

코 드	구 분 (금전 또는 현물)	연월일	내 용			금 액
			품명	수량	단가	

「소득세법」 제34조, 「조세특례제한법」 제58조 · 제76조 · 제88조의 4 및 「법인세법」 제24조에 따른 기부금을 위와 같이 기부하였음을 증명하여 주시기 바랍니다.

년 월 일

신청인 (서명 또는 인)

위와 같이 기부금을 기부받았음을 증명합니다.

년 월 일

기부금 수령인 (서명 또는 인)

210mm×297mm[백상지 80g/㎡ 또는 중질지 80g/㎡]

(뒤쪽)

작 성 방 법

1. ❷ 기부금 대상 공익법인등은 해당 단체를 기부금 공제대상 공익법인등, 공익단체로 규정하고 있는 「소득세법」 또는 「법인세법」 등 관련 법령을 적어 기부금영수증을 발행해야 합니다.

기부금공제대상 기부금단체 근거법령	코드
「법인세법」제24조제2항제1호가목(국가ㆍ지방자치단체), 나목(국방헌금과 국군장병 위문금품)	101
「법인세법」제24조제2항제1호다목(천재지변으로 생기는 이재민을 위한 구호금품)	102
「법인세법」제24조제2항제1호라목(같은 목에 열거된 사립학교, 비영리 교육재단, 산학협력단 등의 기관(병원은 제외한다)에 시설비ㆍ교육비ㆍ장학금 또는 연구비로 지출하는 기부금)	103
「법인세법」제24조제2항제1호마목(같은 목에 열거된 병원에 시설비ㆍ교육비 또는 연구비로 지출하는 기부금)	104
「법인세법」제24조제2항제1호바목[사회복지사업, 그 밖의 사회복지활동의 지원에 필요한 재원을 모집ㆍ배분하는 것을 주된 목적으로 하는 비영리법인(일정 요건을 충족하는 법인만 해당)으로서 기획재정부장관이 지정·고시하는 법인]	105
「소득세법」제34조제2항제1호나목(「재난 및 안전관리 기본법」에 따른 특별재난지역을 복구하기 위하여 자원봉사를 한 경우 그 용역의 가액에 대해 기부금영수증을 발급하는 단체)	116
「정치자금법」에 따른 정당(후원회, 선거관리위원회 포함)	201
「법인세법 시행령」 제39조제1항제1호가목(「사회복지사업법」에 따른 사회복지법인)	401
「법인세법 시행령」 제39조제1항제1호나목(「영유아보육법」에 따른 어린이집)	402
「법인세법 시행령」 제39조제1항제1호다목(「유아교육법」에 따른 유치원, 「초ㆍ 중등교육법」 및 「고등교육법」에 따른 학교, 「국민 평생 직업능력 개발법」에 따른 기능대학, 「평생교육법」 제31조제4항에 따른 전공대학 형태의 평생교육시설 및 같은 법 제33조제3항에 따른 원격대학 형태의 평생교육시설)	403
「법인세법 시행령」 제39조제1항제1호라목(「의료법」에 따른 의료법인)	404
「법인세법 시행령」 제39조제1항제1호마목[(종교의 보급, 그 밖에 교화를 목적으로 「민법」 제32조에 따라 문화체육관광부장관 또는 지방자치단체의 장의 허가를 받아 설립한 비영리법인(그 소속 단체를 포함한다)]	405
「법인세법 시행령」 제39조제1항제1호바목(기획재정부장관이 지정하여 고시한 법인)	406
「법인세법 시행령」 제39조제1항제2호가목(「유아교육법」에 따른 유치원의 장 등이 추천하는 개인에게 교육비·연구비·장학금으로 지출하는 기부금)	407
「법인세법 시행령」 제39조제1항제2호나목(공익신탁으로 신탁하는 기부금)	408
「법인세법 시행령」 제39조제1항제2호다목(기획재정부장관이 지정하여 고시하는 기부금)	409
「법인세법 시행령」 제39조제1항제4호(같은 호 각 목에 열거된 사회복지시설 또는 기관 중 무료 또는 실비로 이용할 수 있는 시설 또는 기관)	410
「법인세법 시행령」 제39조제1항제6호(기획재정부장관이 지정하여 고시하는 국제기구)	411
「소득세법 시행령」 제80조제1항제2호(노동조합 등의 회비)	421
「소득세법 시행령」 제80조제1항제5호(공익단체)	422
「조세특례제한법」 제88조의4(우리사주조합)	461
「조세특례제한법」 제58조(고향사랑기부금)	462

2. ❸기부금 모집처(언론기관 등)는 방송사, 신문사, 통신회사 등 기부금을 대신 접수하여 기부금 단체에 전달하는 기관을 말하며, 기부금 대상 공익법인등에게 직접 기부한 경우에는 적지 않습니다.

3. ❹기부내용의 코드는 다음 구분에 따라 적습니다.

기부금 구분	코드
「소득세법」 제34조제2항제1호, 「법인세법」 제24조제2항제1호에 따른 기부금	10
「조세특례제한법」 제76조에 따른 기부금	20
「소득세법」 제34조제3항제1호(종교단체 기부금 제외), 「법인세법」 제24조제3항제1호에 따른 기부금	40
「소득세법」 제34조제3항제1호에 따른 기부금 중 종교단체기부금	41
「조세특례제한법」 제88조의4에 따른 기부금	42
「조세특례제한법」 제58조에 따른 기부금	43
필요경비(손금) 및 세액공제 금액대상에 해당되지 않는 기부금	50

4. ❹기부내용의 구분란에는 "금전기부"의 경우에는 "금전", "현물기부"의 경우에는 "현물"로 적고, 내용란은 현물기부의 경우에만 적습니다. "현물기부"시 "단가"란은 아래 표와 같이 기부자, 특수관계여부 등에 따라 장부가액 또는 시가를 적습니다.

구 분	기부자	
	법인	개인
특례기부금	장부가액	Max(장부가액, 시가)
특수관계인이 아닌 자에게 기부한 일반기부금	장부가액	
그 밖의 기부금	Max(장부가액, 시가)	

5. (유의사항) 2021년 7월 1일 이후 전자기부금영수증(「법인세법」 제75조의4제2항 및 제112조의2에 따른 전자기부금영수증을 말함)을 발급한 경우에는 기부금영수증을 중복발행하지 않도록 유의하시기 바랍니다.

210mm×297mm[백상지 80g/㎡ 또는 중질지 80g/㎡]

② 개인의 경우

■ 소득세법 시행규칙 [별지 제45호의 2서식] 〈개정 2023.3.20.〉

일련번호	

기 부 금 영 수 증

※ 뒤쪽의 작성방법을 읽고 작성하여 주시기 바랍니다. (앞쪽)

❶ 기부자

성명(법인명)	주민등록번호 (사업자등록번호)
주소(소재지)	

❷ 기부금 단체

단 체 명	사업자등록번호(고유번호)
(지점명)	(지점 사업자등록번호 등)
소 재 지	기부금공제대상 기부금단체 근거법령
(지점 소재지)	

* 기부금 단체의 지점(분사무소)이 기부받은 경우, 지점명 등을 추가로 기재할 수 있습니다.

❸ 기부금 모집처(언론기관 등)

단 체 명	사업자등록번호
소 재 지	

❹ 기부내용

코 드	구 분 (금전 또는 현물)	연월일	내 용			금 액
			품명	수량	단가	

「소득세법」 제34조, 「조세특례제한법」 제76조·제88조의4 및 「법인세법」 제24조에 따른 기부금을 위와 같이 기부하였음을 증명하여 주시기 바랍니다.

년 월 일

신청인 (서명 또는 인)

위와 같이 기부금을 기부받았음을 증명합니다.

년 월 일

기부금 수령인 (서명 또는 인)

210mm×297mm[백상지 80g/㎡ 또는 중질지 80g/㎡]

(뒤쪽)

작 성 방 법

1. ❷ 기부금 단체는 해당 단체를 기부금공제대상 기부금단체로 규정하고 있는 「소득세법」 또는 「법인세법」 등 관련 법령을 적어 기부금영수증을 발행해야 합니다.

기부금공제대상 기부금단체 근거법령	코드
「법인세법」 제24조제2항제1호가목(국가·지방자치단체), 나목(국방헌금과 국군장병 위문금품)	101
「법인세법」 제24조제2항제1호다목 (천재지변으로 생기는 이재민을 위한 구호금품)	102
「법인세법」 제24조제2항제1호라목 (「사립학교법」에 따른 사립학교, 비영리 교육재단, 산학협력단 등 각 목에 열거된 기관(병원은 제외한다)에 시설비·교육비·장학금 또는 연구비로 지출하는 기부금)	103
「법인세법」 제24조제2항제1호마목 (각 목에 열거된 병원에 시설비·교육비 또는 연구비로 지출하는 기부금)	104
「법인세법」 제24조제2항제1호바목 (사회복지사업, 그 밖의 사회복지활동의 지원에 필요한 재원을 모집·배분하는 것을 주된 목적으로 하는 비영리법인(일정 요건을 충족하는 법인만 해당)으로서 기획재정부장관이 지정·고시하는 법인)	105
「소득세법」 제34조제2항제1호나목 (「재난 및 안전관리 기본법」에 따른 특별재난지역을 복구하기 위하여 자원봉사를 한 경우 그 용역의 가액에 대해 기부금영수증을 발급하는 단체)	116
「정치자금법」에 따른 정당	201
「법인세법 시행령」 제39조제1항제1호가목 (「사회복지사업법」에 따른 사회복지법인)	401
「법인세법 시행령」 제39조제1항제1호나목 (「영유아보육법」에 따른 어린이집)	402
「법인세법 시행령」 제39조제1항제1호다목 [「유아교육법」에 따른 유치원, 「초·중등교육법」 및 「고등교육법」에 따른 학교, 「근로자직업능력개발법」에 따른 기능대학, 「평생교육법」 제31조제4항에 따른 전공대학 형태의 평생교육시설 및 같은 법 제33조제3항에 따른 원격대학 형태의 평생교육시설)	403
「법인세법 시행령」 제39조제1항제1호라목 (「의료법」에 따른 의료법인)	404
「법인세법 시행령」 제39조제1항제1호마목 (종교의 보급, 그 밖에 교화를 목적으로 「민법」 제32조에 따라 문화체육관광부장관 또는 지방자치단체의 장의 허가를 받아 설립한 비영리법인(그 소속단체를 포함한다)]	405
「법인세법 시행령」 제39조제1항제1호바목 (기획재정부장관이 지정하여 고시한 법인)	406
「법인세법 시행령」 제39조제1항제2호가목 (「유아교육법」에 따른 유치원의 장 등이 추천하는 개인에게 지출하는 교육비·연구비·장학금)	407
「법인세법 시행령」 제39조제1항제2호나목 (공익신탁으로 신탁하는 기부금)	408
「법인세법 시행령」 제39조제1항제2호다목 (기획재정부장관이 지정하여 고시하는 기부금)	409
「법인세법 시행령」 제39조제1항제4호 (각 목에 열거된 사회복지시설 또는 기관 중 무료 또는 실비로 이용할 수 있는 시설 또는 기관)	410
「법인세법 시행령」 제39조제1항제6호 (일정 요건을 갖춘 국제기구)	411
「소득세법 시행령」 제80조제1항제2호(노동조합 등의 회비)	421
「소득세법 시행령」 제80조제1항제5호 (공익단체)	422
「조세특례제한법」 제88조의4 (우리사주조합)	461
「조세특례제한법」 제58조 (고향사랑 기부금)	462

2. ❸기부금 모집처(언론기관 등)는 방송사, 신문사, 통신회사 등 기부금을 대신 접수하여 기부금 단체에 전달하는 기관을 말하며, 기부금단체에 직접 기부한 경우에는 적지 않습니다.
3. ❹기부내용의 코드는 다음 구분에 따라 적습니다.

기부금 구분	코드
「소득세법」 제34조제2항제1호, 「법인세법」 제24조제2항제1호에 따른 특례기부금	10
「조세특례제한법」 제76조에 따른 기부금	20
「소득세법」 제34조제3항제1호(종교단체 기부금 제외), 「법인세법」 제24조제3항제1호에 따른 일반기부금	40
「소득세법」 제34조제3항제1호에 따른 일반기부금 중 종교단체기부금	41
「조세특례제한법」 제88조의4에 따른 기부금	42
「조세특례제한법」 제58조에 따른 기부금	43
필요경비(손금) 및 소득공제금액대상에 해당되지 아니하는 기부금	50

4. ❹기부내용의 구분란에는 "금전기부"의 경우에는 "금전", "현물기부"의 경우에는 "현물"로 적고, 내용란은 현물기부의 경우에만 적습니다. 현물기부 시 단가란은 아래 표와 같이 기부자, 특수관계여부 등에 따라 장부가액 또는 시가를 적습니다.

구 분	기부자		기부받는 공익법인
	법인	개인	
특수관계가 있는 경우	Max(장부가액, 시가)	Max(장부가액, 시가)	시가
특수관계가 없는 경우	장부가액		장부가액*

* 기부한 자의 기부 당시 장부가액, 개인이 사업소득과 관련 없는 자산을 기부한 경우 : 개인의 최초 취득가액

210mm×297mm[백상지 80g/㎡ 또는 중질지 80g/㎡]

2) 국가 또는 지방자치단체에 대한 기부금의 경우

국가 또는 지방자치단체에 기부한 금액 중 「기부금품의 모집·사용 및 기부문화 활성화에 관한 법률」의 적용을 받는 기부금품은 동법 제5조 제2항의 규정에 의하여 접수한 것에 한한다(법법 §24 ② 1호). 따라서 이에 해당되는 경우에는 기부금영수증 외에 관련 증명서류도 준비해야 할 것이다.

> 「기부금품의 모집·사용 및 기부문화 활성화에 관한 법률」 제5조 【국가 등 기부금품 모집·접수 제한 등】
>
> ① 국가나 지방자치단체 및 그 소속 기관、공무원과 국가 또는 지방자치단체에서 출자·출연하여 설립된 법인、단체는 기부금품을 모집할 수 없다. 다만, 대통령령으로 정하는 국가 또는 지방자치단체에서 출자、출연하여 설립된 법인·단체는 기부금품을 모집할 수 있다.
>
> ② 국가 또는 지방자치단체 및 그 소속 기관·공무원과 국가 또는 지방자치단체에서 출자·출연하여 설립된 법인·단체는 자발적으로 기탁하는 금품이라도 법령에 다른 규정이 있는 경우 외에는 이를 접수할 수 없다. 다만, 다음 각 호의 어느 하나에 해당하면 이를 접수할 수 있다.
>
> 1. 대통령령으로 정하는 바에 따라 사용용도와 목적을 지정하여 자발적으로 기탁하는 경우로서 제3항에 따른 기부심사위원회의 심의를 거친 경우
> 2. 모집자의 의뢰에 의하여 단순히 기부금품을 접수하여 모집자에게 전달하는 경우
> 3. 제1항 단서에 따른 대통령령으로 정하는 국가 또는 지방자치단체에서 출자·출연하여 설립한 법인、단체가 기부금품을 접수하는 경우
>
> ③ 다음 각 호의 기관이나 지방자치단체의 장은 제2항에 따라 자발적으로 기탁하는 금품의 접수 여부를 심사하기 위하여 필요한 경우 기부심사위원회(이하 이 조에서 "위원회"라 한다)를 구성·운영할 수 있다.
>
> 1. 국회, 대법원, 헌법재판소 및 중앙선거관리위원회
> 2. 행정안전부 및 대통령령으로 정하는 기관
>
> ④ 위원회의 위원에는 민간인 위원이 포함되어야 한다.
>
> ⑤ 제3항 각 호의 기관이나 지방자치단체의 장은 위원회의 구성 목적을 달성하였다고 인정하는 경우에는 위원회를 해산할 수 있다.

⑥ 제3항부터 제5항까지에서 규정한 사항 외에 위원회의 구성·운영 등에 필요한 사항은 국회규칙, 대법원규칙, 헌법재판소규칙, 중앙선거관리위원회규칙, 대통령령 또는 그 지방자치단체의 조례로 정한다.

관련 예규

1. 기부금공제대상 단체가 금융기관을 통해 대리발급한 영수증의 적법 여부

(법인 46013-1213, 1999.4.1.)

금융기관이 세법상의 지정기부금대상 단체와 계약에 의하여 기부금수납업무를 대리하는 경우에는 당해 금융기관이 기부금납입영수증을 발급할 수 있는 것이나 대리발급한 영수증에는 기부자와 기부받는 자의 인적사항, 기부일자·기부금액 및 기부목적 등이 기재되어 기부사실을 확인할 수 있어야 함.

2. 기업업무추진비의 지출증명서류

[저자주] 접대비가 기업업무추진비로 용어가 변경되었다. 변경내용은 2024.1.1.부터 적용한다.

(1) 신용카드 등 미사용분의 손금불산입

1회의 접대에 지출한 기업업무추진비 중 3만원*(경조금의 경우에는 20만원)을 초과하는 기업업무추진비로서 다음 각 호의 어느 하나(이하 "신용카드 등"이라 한다)에 해당하지 아니한 것에 대하여는 각 사업연도의 소득금액계산에 있어서 이를 손금에 산입하지 아니한다(법법 §25 ②, 법령 §41, 소법 §35 ②, 소령 §83).

* 2021.1.1. 이후 기업업무추진비로 지출하는 분부터 정규증명서류의 금액기준이 1만원에서 3만원으로 인상되었다(법령 §41 ① 2호, 부칙 §9, 2021.2.17. 개정).

① 「여신전문금융업법」에 의한 신용카드(신용카드와 유사한 것으로서 「여신전문금융업법」에 의한 직불카드, 외국에서 발행된 신용카드, 「조세특례제한법」 제126조의

2 제1항 제4호에 따른 기명식선불카드, 직불전자지급수단, 기명식선불전자지급수단 또는 기명식전자화폐를 포함한다)를 사용하여 지출하는 기업업무추진비

② 「조세특례제한법」 제126조의 2 제1항의 규정에 의한 현금영수증을 수취하여 지출하는 기업업무추진비

③ 「법인세법」 제121조, 「소득세법」 제163조의 규정에 의한 계산서 또는 「부가가치세법」 제32조 및 제35조에 따른 세금계산서를 발급받아 지출하는 기업업무추진비

④ 「부가가치세법」 제34조의 2 제2항에 따른 매입자발행세금계산서를 발행하여 지출하는 기업업무추진비

⑤ 「소득세법」 제168조에 따라 사업자등록을 하지 아니한 자로부터 용역을 제공받고 같은 법 제144조(사업소득에 대한 원천징수의 방법과 원천징수영수증의 발급) 및 제145조(기타소득에 대한 원천징수의 방법과 원천징수영수증의 발급)에 따라 원천징수 영수증을 발행하여 지출하는 기업업무추진비

따라서 현실적으로 위의 지출증명서류를 수취할 수 없는 거래처의 경조사비나 골프접대시 캐디 등에게 3만원(경조금의 경우에는 20만원) 초과 지급한 경우에도 위 조항이 적용되어 손금불산입된다(법인 46012-1073, 1999.3.24.; 법인 46012-1801, 2000.8.22.).

(2) 증명서류요건 불비에 따른 손금불산입에서 제외되는 기업업무추진비

1) 국외특수지역사용 기업업무추진비

기업업무추진비가 지출된 장소(당해 장소가 소재한 인근지역 안의 유사한 장소를 포함한다)에서 현금 외에 다른 지출수단이 없어 정규증명서류를 구비하기 어려운 경우의 당해 국외지역에서 지출한 것으로서 지출사실이 객관적으로 명백한 기업업무추진비의 경우에는 정규증명서류요건불비에 따른 손금불산입대상에서 제외

된다(법법 §25 ② 단서, 법령 §41 ② 1호, 소법 §35 ② 단서, 소령 §83 ③ 1호).

2) 농·어민으로부터 직접 재화를 공급받는 경우

농·어민(한국표준산업분류에 따른 농업 중 작물재배업·축산업·복합농업, 임업 또는 어업에 종사하는 자를 말하며, 법인은 제외한다)으로부터 직접 재화를 공급받는 경우의 지출로서 그 대가를 「금융실명거래 및 비밀보장에 관한 법률」 제2조 제1호에 따른 금융회사 등을 통하여 지급한 지출(해당 법인이 「법인세법」 제60조 또는 「소득세법」 제70조에 따른 과세표준 신고를 할 때 과세표준 신고서에 송금사실을 적은 송금명세서를 첨부하여 납세지관할세무서장에게 제출한 경우에 한정한다)한 경우에는 정규증명서류 요건 불비에 따른 손금불산입대상에서 제외된다(법령 §41 ② 2호, 소령 §83 ③ 2호).

3) 현물기업업무추진비

1회의 접대에 지출된 기업업무추진비 중 3만원(경조금의 경우에는 20만원)을 초과하는 기업업무추진비로서 법인이 직접 생산한 제품 등으로 제공한 기업업무추진비는 정규증명서류불비에 따른 손금불산입대상에서 제외된다(법칙 §20 ②).

또한 매출채권임의포기금액을 기업업무추진비로 보는 경우(재경부 법인 46012－155, 2000.10.16.; 서면2015법인－1241, 2015.7.21.)와 자기제품이나 상품을 구입할 수 있는 상품권으로 제공한 기업업무추진비(법인 46012－2301, 2000.11.27.)는 정규증명서류불비에 따른 손금불산입규정은 적용하지 아니한다.

(3) 개인명의 신용카드 사용분의 손금불산입

1회의 접대에 지출한 기업업무추진비 중 3만원(경조금의 경우에는 20만원)을 초과하는 기업업무추진비로서 신용카드 등 사용분은 당해 법인의 명의로 발급받은 신용카드 등 사용분에 대하여만 법인기업업무추진비로 인정된다(법령 §41 ⑥). 따라서 종업원 개인명의의 신용카드 등으로 사용한 기업업무추진비는 손금불산입된다.

이 경우 신용카드 등에 법인명의와 당해 법인의 종업원 개인명의가 함께 기재되고 신용카드 등 이용에 따른 대금의 상환이 1차적으로 개인구좌에서 결제되나 최종적으로 해당법인이 연대하여 책임지는 형태로 발급된 신용카드 등(법인개별카드 또는 개인형 법인카드)은 법인명의 신용카드 등으로 인정된다(법인 46012-2098, 2000.10.12.).

참고 법인카드의 종류

구 분	법인공용카드(기존 법인카드)	법인개별카드(개인형 법인카드)
카드형태	법인의 신용으로 발급되며, 카드에 법인의 이름만 새겨짐.	법인의 신용(개인의 신용 포함)으로 발급되며, 카드에 법인의 이름과 임직원 개인의 이름이 새겨짐.
출금계좌	법인계좌	개인계좌 또는 법인계좌
대금결제 및 책임	법인이 일괄결제(전적으로 법인 책임)	개인이 책임지되 법인이 연대하여 책임
사용범위	임직원인 경우 사용가능	본인만 사용

(4) 다른 가맹점명의 신용카드

재화 또는 용역을 공급하는 신용카드등의 가맹점이 아닌 다른 가맹점의 명의로 작성된 매출전표 등을 발급받은 경우는 매출전표 등에 기재된 상호 및 사업장소재지가 재화 또는 용역을 공급하는 신용카드 등의 가맹점의 상호 및 사업장소재지와 다른 경우를 말하며 당해 지출금액은 신용카드를 사용하여 지출한 기업업무추진비에 포함하지 아니한다(법법 §25 ⑤).

(5) 1회의 기업업무추진비가 3만원(경조금의 경우에는 20만원) 이하의 경우

1회의 기업업무추진비가 3만원(경조금의 경우에는 20만원) 이하인 경우 회사의 업무에 사용된 것이 분명한 경우에는 개인명의 신용카드사용분, 다른 가맹점명의의 신용카드사용분 및 영수증, 금전등록기계산서 등 여타 지출증명서류를 수취하고 사용한 금액은 기업업무추진비로서 인정된다.

(6) 기업업무추진비와 기타 지출액의 비교

정규증명서류와 관련하여 기업업무추진비와 기업업무추진비 외의 지출에 대한 내용을 비교설명하면 다음과 같다.

정규증명서류의 적용	기업업무추진비	기업업무추진비 외의 지출
1. 금액기준	지출건당 3만원(경조금의 경우에는 20만원) 초과액	지출건당 3만원 초과액
2. 개인카드 사용분	손금불산입	업무와 관련된 지출인 경우 손금으로 인정[㊟1]
3. 다른 가맹점 명의 사용분	손금불산입[㊟2]	손금불산입[㊟2]
4. 정규증명서류 미수취시	손금불산입	업무와 관련된 지출인 경우에는 손금에는 인정하되, 지출액의 2%의 가산세가 부과됨.

㊟1. 임직원의 근로소득 연말정산시 신용카드소득공제는 받지 못함.

㊟2. 기타사외유출로 소득처분하되 그 지출이 당해 법인의 업무와 관련이 없거나 특정개인이 부담할 성격의 비용인 경우에는 당해소득자에 대하여 상여, 배당, 기타소득 등으로 소득처분함(법인 46012-551, 2001.3.14.).

제7절 정규증명서류의 수취 및 보관방법

1. 정규증명서류의 수취 및 보관

(1) 법인의 경우

법인은 각 사업연도에 그 사업과 관련된 모든 거래에 관한 증명서류를 작성하거나 받아서 「법인세법」 제60조의 규정에 의한 과세표준과 세액의 신고기한이 경과한 날부터 5년간 이를 보관하여야 한다. 다만, 「법인세법」 제13조 제1항 제1호에 따라 각 사업연도개시일 전 5년이 되는 날 이전에 개시한 사업연도에서 발생한 결손금을 각 사업연도의 소득에서 공제하려는 법인은 해당 결손금이 발생한 사업연도의 증명서류를 공제되는 소득의 귀속 사업연도의 법인세과세표준과 세액의 신고기한부터 1년이 되는 날까지 보관하여야 한다(법법 §116 ①).

(2) 개인사업자의 경우

거주자 또는 「소득세법」 제121조 제2항 및 제5항에 따른 비거주자가 사업소득금액·기타소득금액을 계산할 때 「소득세법」 제27조 또는 제37조의 규정에 의하여 필요경비를 계산하고자 하는 경우에는 그 비용의 지출에 대한 증명서류를 수취하고 이를 확정신고기간종료일부터 5년간 보관하여야 한다. 다만, 각 과세기간의 개시일 5년 전에 발생한 결손금을 공제받은 자는 해당 결손금이 발생한 과세기간의 증명서류를 공제받은 과세기간의 다음다음 연도 5월 31일까지 보관하여야 한다(소법 §160의 2 ①).

이 경우 사업자는 정규증명서류와 정규증명서류 외의 증명서류를 구분하여 보관·관리하여야 한다(소령 §208의 2 ③).

2. 법인사업자의 지출증명서류 합계표의 작성 및 보관

직전 사업연도의 수입금액이 30억원*(사업연도가 1년 미만인 법인의 경우 30억원* 에 해당 사업연도의 월수를 곱하고 12로 나누어 산출한 금액) 이상으로서 「법인세법」 제116조에 따라 지출증명서류를 수취하여 보관한 법인은 지출증명서류 합계표(별지 제77호 서식)를 작성하여 보관해야 한다(법령 §158 ⑥).

* 수입금액 20억원에서 30억원으로 인상은 2021.1.1. 이후 개시하는 사업연도분부터 적용한다(법령 부칙 §2, 2021.2.17.).

본 지출증명서류 합계표의 작성 및 보관 규정은 2017.1.1. 이후 개시하는 사업연도분부터 적용한다(법령 부칙 §13, 2016.2.12.).

법인세법시행규칙 [별지 제77호 서식] (2021.10.28. 개정) (앞쪽)

사 업 연 도	. . . ~ . . .	지출증명서류 합계표 [ ]일반법인, [ ]금융 · 보험 · 증권업 법인	법인명	
			사업자등록번호	

1. 표준재무상태표 계정과목별 지출증명서류 수취금액

계정과목			지출증명서류 수취금액						⑩ 수취 제외 대상 금액	⑪ 차이 (③－④ －⑩)
① 코드	② 과목명	③ 금액	④ 계 (⑤+⑥+⑦ +⑧+⑨)	신용카드 등		⑦ 현금 영수증	⑧ 세금 계산서	⑨ 계산서		
				⑤ 법인	⑥ 개인					
⑫ 소 계										

2. 표준손익계산서 계정과목별 지출증명서류 수취금액

계정과목			지출증명서류 수취금액						㉒ 수취 제외 대상 금액	㉓ 차 이 (⑮－⑯ －㉒)
⑬ 코드	⑭ 과목명	⑮ 금액	⑯ 계 (⑰+⑱+⑲ +⑳+㉑)	신용카드 등		⑲ 현금 영수증	⑳ 세금 계산서	㉑ 계산서		
				⑰ 법인	⑱ 개인					
㉔ 소 계										

3. 표준손익계산서부속명세서(제조 · 공사원가 등) 계정과목별 지출증명서류 수취금액

계정과목				지출증명서류 수취금액						㉟ 수취 제외 대상 금액	㊱ 차이 (㉘－㉙ －㉟)
㉕ 구분	㉖ 코드	㉗ 과목명	㉘ 금액	㉙ 계 (㉚+㉛+㉜ +㉝+㉞)	신용카드 등		㉜ 현금 영수증	㉝ 세금 계산서	㉞ 계산서		
					㉚ 법인	㉛ 개인					
㊲ 소 계											

4. 합계금액

㊳ 합계(1+2+3)										

210mm×297mm[백상지 80g/㎡ 또는 중질지 80g/㎡]

(뒤 쪽)

작 성 방 법

※ 각 사업연도에 계상한 자산·비용 중 지출증명서류 수취대상 거래가 있는 계정의 금액에서 법인세법 제116조 제2항에 따른 지출증명서류 수취금액을 공제한 차이금액을 작성해야 합니다.

1. 표준재무상태표 계정과목별 지출증명서류 수취금액
   가. 해당 사업연도에 계상한 자산에 대하여 작성합니다.
   나. 계정과목(①~③란) : 해당 사업연도에 추가로 계상한 자산에 대하여 표준재무상태표(별지 제3호의 2 서식)의 각 계정과목별 코드, 계정과목명, 금액(해당 사업연도 취득금액)을 적습니다.
   다. 지출증명서류 수취금액(④~⑨란) : 각 계정과목별로 신용카드 매출전표등 「법인세법」 제116조 제2항 각 호의 지출증명서류 수취금액을 적습니다. 다만, 개인 신용카드(⑥)의 경우에는 법인 업무용으로 사용된 것으로 「법인세법」상 인정되는 것에 한정하여 적습니다.
   라. 수취 제외대상금액(⑩란) : 지출증명서류 수취대상 거래가 아닌 유가증권, 대여금, 이자비용 등 관련 거래금액을 적습니다.(㉒,㉟ 동일)
2. 표준손익계산서 계정과목별 지출증명서류 수취금액
   가. 해당 사업연도에 계상한 비용에 대하여 작성합니다.
   나. 계정과목(⑬~⑮란) : 해당 사업연도에 계상한 비용에 대하여 표준손익계산서(별지 제3호의 3 서식)의 각 계정과목별 코드, 계정과목명, 금액(손익계산서 금액)을 적습니다.
   다. 지출증명서류 수취금액(⑯~㉑란) : 각 계정과목별로 신용카드 매출전표등 「법인세법」 제116조 제2항 각 호의 지출증명서류 수취금액을 적습니다. 다만, 개인 신용카드(⑱)의 경우에는 법인 업무용으로 사용된 것으로 「법인세법」상 인정되는 것에 한정하여 적습니다.
   라. 표준손익계산서(일반법인용)의 당기총원가(코드 44)의 경우 표준손익계산서 부속명세서 각 계정과목별로 "3.표준손익계산서 부속명세서 계정과목별 지출증명서류 수취금액"에 적습니다.
3. 표준손익계산서 부속명세서 계정과목별 지출증명서류 수취금액
   가. 해당 사업연도에 계상한 비용에 대하여 작성합니다.
   나. 구분(㉕란) : 해당 부속명세서에 따라 아래의 코드를 적습니다.

구분	제조	공사	임대	분양	운송	기타
코드	41	42	43	44	45	46

   다. 계정과목(㉕~㉘란) : 해당 사업연도에 계상한 비용에 대하여 "부속명세서[별지 제3호의 3(3) 서식]"의 각 계정과목별 코드, 계정과목명, 금액(부속명세서 금액)을 적습니다.
   라. 지출증명서류 수취금액(㉙~㉞란) : 각 계정과목별로 신용카드 매출전표등 「법인세법」 제116조 제2항 각 호의 지출증명서류 수취금액을 적습니다. 다만, 개인 신용카드(㉛)의 경우에는 법인 업무용으로 사용된 것으로 「법인세법」상 인정되는 것에 한정하여 적습니다.

1. 일반법인의 표준재무제표

법인세법시행규칙 [별지 제3호의 2 서식(1)] (2021.10.28. 개정) (4쪽 중 제1쪽)

표준재무상태표

(일반법인용) (단위 : 원)

사업자등록번호 / 법인등록번호		법인명		년 월 일 현재	

계 정 과 목	코드	금 액	계 정 과 목	코드	금 액
Ⅰ.유동자산	1		(3)기타유동자산	67	
(1)당좌자산	2		1.미수수익	68	
1.현금 및 현금성자산	3		2.선급비용	69	
2.단기예금	4		3.이연법인세자산	70	
3.유가증권	5		4.기타유동자산	71	
가.단기매매증권	6		가.선급법인세	72	
나.유동성매도가능증권	7		나.부가가치세대급금	73	
다.유동성만기보유증권	8		다.선급관세	74	
4.매출채권	9		라.기타유동자산	75	
가.외상매출금	10		Ⅱ.비유동자산	80	
(대손충당금)	11		(1)투자자산	81	
나.받을어음	12		1.장기예금	82	
(대손충당금)	13		2.장기투자증권	83	
다.기타매출채권	14		가.매도가능증권	84	
(대손충당금)	15		나.만기보유증권	85	
5.단기대여금	24		3.지분법적용투자주식	86	
가.관계회사	25		4.장기대여금	87	
(대손충당금)	26		가.관계회사	88	
나.주주 · 임원 · 직원	27		(대손충당금)	89	
(대손충당금)	28		(현재가치할인차금)	90	
다.기타	29		나.주주 · 임원 · 직원	91	
(대손충당금)	30		(대손충당금)	92	
6.미수금	31		(현재가치할인차금)	93	
가.분양미수금	32		다.기타	94	
(대손충당금)	33		(대손충당금)	95	
나.공사미수금	34		(현재가치할인차금)	96	
(대손충당금)	35		5.투자부동산	97	
다.기타	36		가.토지	98	
(대손충당금)	37		나.건물	99	
7.선급금	38		다.기타투자부동산	100	
8.기타당좌자산	39		6.기타투자자산	105	
(2)재고자산	44		(2)유형자산	110	
1.상품	45		1.토지	111	
2.제품	46		(손상차손누계액)	112	
3.반제품	47		(정부보조금등차감액)	113	
4.재공품	48		2.건물	114	
5.부산물	49		(감가상각누계액)	115	
6.원재료(원자재)	50		(손상차손누계액)	116	
가.원재료	51		(정부보조금등차감액)	117	
나.부재료	52		3.구축물	118	
다.기타원재료	53		(감가상각누계액)	119	
7.가설재	54		(손상차손누계액)	120	
8.저장품	55		(정부보조금등차감액)	121	
9.미착상품(미착재료)	56		4.기계장치	122	
10.완성주택	57		(감가상각누계액)	123	
11.미완성주택	58		(손상차손누계액)	124	
12.용지(건설업)	59		(정부보조금등차감액)	125	
13.완성공사(주택외)	60		5.선박 · 항공기	126	
14.미완성공사(주택외)	61		(감가상각누계액)	127	
15.기타재고자산	62		(손상차손누계액)	128	

210mm×297mm[백상지 80g/㎡ 또는 중질지 80g/㎡]

(4쪽 중 제2쪽)

표준재무상태표

(일반법인용) (단위 : 원)

사업자등록번호 / 법인등록번호		법인명		년 월 일 현재	
계 정 과 목	코드	금 액	계 정 과 목	코드	금 액
(정부보조금등차감액)	129		(대손충당금)	203	
6.건설용장비	130		(현재가치할인차금)	204	
(감가상각누계액)	131		2.장기미수금	205	
(손상차손누계액)	132		가.분양장기미수금	206	
(정부보조금등차감액)	133		(대손충당금)	207	
7.차량운반구	134		(현재가치할인차금)	208	
(감가상각누계액)	135		나.공사장기미수금	209	
(손상차손누계액)	136		(대손충당금)	210	
(정부보조금등차감액)	137		(현재가치할인차금)	211	
8.건설중인유형자산	138		다.기타장기미수금	212	
(손상차손누계액)	139		(대손충당금)	213	
(정부보조금등차감액)	140		(현재가치할인차금)	214	
9.시설장치	141		3.장기선급금	215	
(감가상각누계액)	142		(대손충당금)	216	
(손상차손누계액)	143		4.보증금	217	
(정부보조금등차감액)	144		가.임차보증금	218	
10.공구 · 기구 · 비품	145		(대손충당금)	219	
(감가상각누계액)	146		나.기타보증금	220	
(손상차손누계액)	147		(대손충당금)	221	
(정부보조금등차감액)	148		5.이연법인세자산	222	
11.기타유형자산	149		6.기타비유동자산	223	
(감가상각누계액)	150		자산총계(Ⅰ+Ⅱ)	228	
(손상차손누계액)	151		Ⅰ.유동부채	229	
(정부보조금등차감액)	152		1.매입채무	230	
(3)무형자산	169		가.외상매입금	231	
1.영업권	170		나.지급어음	232	
2.산업재산권	171		다.기타매입채무	233	
가.특허권	172		2.단기차입금	234	
나.상표권	173		가.관계회사	235	
다.실용신안권	174		나.주주 · 임원 · 직원	236	
라.의장권	175		다.기타	237	
마.기타산업재산권	176		3.미지급금	238	
3.광업권	181		가.미지급법인세	239	
4.어업권	182		나.미지급배당금	240	
5.차지권	183		다.기타미지급금	241	
6.개발비	184		4.선수금	242	
7.사용수익기부자산가액	185		가.분양선수금	243	
8.소프트웨어	186		나.공사선수금	244	
9.저작권	187		다.기타	245	
10.제이용권	188		5.예수금	246	
11.기타무형자산	189		가.부가가치세예수금	247	
(4)기타비유동자산	194		나.제세예수금	248	
1.장기매출채권	195		다.예수보증금	249	
가.장기외상매출금	196		라.기타예수금	250	
(대손충당금)	197		6.미지급비용	251	
(현재가치할인차금)	198		7.선수수익	252	
나.장기받을어음	199		8.유동성장기부채	253	
(대손충당금)	200		가.유동성장기차입금	254	
(현재가치할인차금)	201		(현재가치할인차금)	255	
다.장기기타매출채권	202		나.유동성사채	256	

210mm×297mm[백상지 80g/㎡ 또는 중질지 80g/㎡]

표준재무상태표

(일반법인용)

(단위 : 원)

사업자등록번호		법인명		년 월 일 현재
법인등록번호				

계 정 과 목	코드	금 액	계 정 과 목	코드	금 액
(현재가치할인차금)	257		13.장기기타보증금	327	
다.기타유동성장기부채	258		14.기타비유동부채	328	
(현재가치할인차금)	259		부채총계(Ⅰ+Ⅱ)	333	
9.단기충당부채	268		III.자본금	334	
가.단기공사손실충당부채	269		1.보통주자본금	335	
나.단기제품보증충당부채	270		2.우선주자본금	336	
다.단기반품추정충당부채	271		Ⅳ.자본잉여금	337	
라.단기하자보수충당부채	272		1.주식발행초과금	338	
마.단기기타충당부채	273		2.감자차익	339	
10.이연법인세부채	278		3.합병차익	340	
11.기타유동부채	279		4.자기주식처분이익	341	
II.비유동부채	284		5.재평가적립금	342	
1.사채	285		6.기타자본잉여금	343	
(현재가치할인차금)	286		Ⅴ.자본조정	348	
2.전환사채등신종사채	287		1.주식할인발행차금	349	
(현재가치할인차금)	288		2.감자차손	350	
3.장기차입금	289		3.자기주식	351	
가.관계회사	290		4.미교부주식배당금	352	
(현재가치할인차금)	291		5.자기주식처분손실	353	
나.주주 · 임원 · 직원	292		6.부의지분법자본변동	354	
(현재가치할인차금)	293		7.주식매수선택권	355	
다.기타	294		8.기타자본조정	356	
(현재가치할인차금)	295		Ⅵ.기타포괄손익누계액	361	
4.장기매입채무	296		1.매도가능증권평가손익	362	
가.장기외상매입금	297		2.해외사업환산손익	363	
(현재가치할인차금)	298		3.지분법자본변동	364	
나.장기지급어음	299		4.파생상품평가손익	365	
(현재가치할인차금)	300		5.재평가잉여금	366	
다.장기기타매입채무	301		6.기타	367	
(현재가치할인차금)	302		VII.이익잉여금	372	
5.장기미지급금	303		1.이익준비금	373	
(현재가치할인차금)	304		2.재무구조개선적립금	374	
6.장기선수금	305		3.「조세특례제한법상」준비금	375	
가.장기분양선수금	306		4.기타임의적립금	376	
나.장기공사선수금	307		5.미처분이익잉여금(미처리결손금)	381	
다.장기기타선수금	308		자본총계(Ⅲ+～Ⅶ)	382	
7.퇴직급여충당부채	309		부채와 자본총계	383	
8.퇴직연금미지급금	310				
(국민연금전환금)	311				
(퇴직보험예치금)	312				
(퇴직연금운용자산)	313				
9.장기충당부채	314				
가.장기공사손실충당부채	315				
나.장기제품보증충당부채	316				
다.장기반품추정충당부채	317				
라.장기하자보수충당부채	318				
마.장기기타충당부채	319				
10.제준비금	324				
11.이연법인세부채	325				
12.장기임대보증금	326				

210mm×297mm[백상지 80g/㎡ 또는 중질지 80g/㎡]

(4쪽 중 제4쪽)

작성방법

※ 이 표준재무상태표는 기업회계기준(K-IFRS, 중소기업회계기준 등)을 준용하여 작성한 재무상태표를 기준으로 다음과 같이 작성하여야 합니다.

1. 이 표준재무상태표는 다음 각 목의 어느 하나에 해당하는 법인이 작성합니다.
   가. 한국표준산업분류표상 금융·보험·증권업을 영위하지 아니하는 법인
   나. 한국표준산업분류표상 금융관련서비스업 중 기타 금융서비스업과 보험 및 연금관련서비스업을 영위하는 법인
2. 재무상태표의 계정과목과 동일한 계정과목이 없는 경우에는 기타란에 회사에서 사용하는 계정과목과 금액을 적습니다.
3. Ⅱ. 비유동부채 중 2.전환사채등신종사채란은 전환사채, 신주인수권부사채, 교환사채, 그 밖에 주식으로 전환 · 교환하거나 주식을 인수할 수 있는 권리가 부여된 사채 등을 사채와 구분하여 별도로 적습니다.

210mm×297mm[백상지 80g/㎡ 또는 중질지 80g/㎡]

■ 법인세법 시행규칙 [별지 제3호의3서식(1)] 〈개정 2024. 3. 22.〉

(3쪽 중 제1쪽)

년 월 일 부터 년 월 일 까지	**표준손익계산서** (일반법인용)	법 인 명	
		사업자등록번호	

(단위 : 원)

계 정 과 목	코드	금 액	계 정 과 목	코드	금 액
Ⅰ.매출액	1		(7)지분법손실(지주회사)	60	
1.상품매출	2		(8)기타매출원가	61	
가.국내상품매출	3		1.기초재고액	62	
나.수출상품매출	4		2.당기총원가(명세별첨)	63	
2.제품매출	5		3.기말재고액	64	
가.국내제품매출	6		4.타계정대체액	65	
나.수출제품매출	7		Ⅲ.매출총손익	66	
3.공사수입	8		Ⅳ.판매비와관리비	67	
가.국내공사수입	9		1.급여	68	
나.해외공사수입	10		가.임원급여	69	
4.운송수입	11		나.직원급여	70	
가.국내운송수입	12		다.임원상여금	71	
나.해외운송수입	13		라.직원상여금	72	
5.부동산임대수입	14		마.기타	73	
가.국내임대수입	15		2.퇴직급여	74	
나.해외임대수입	16		가.임원퇴직급여	75	
6.분양수입	17		나.직원퇴직급여	76	
가.국내분양수입	18		다.퇴직급여충당부채전입액	77	
나.해외분양수입	19		3.보험료	78	
7.사용료 · 로열티수입	20		4.복리후생비	79	
가.국내사용료 · 로열티수입	21		5.여비교통비	80	
나.해외사용료 · 로열티수입	22		6.임차료	81	
8.지분법이익(지주회사)	23		가.부동산임차료	82	
9.기타매출	24		나.차량 · 중기임차료(리스료 포함)	83	
가.	25		다.기타임차료(리스료 포함)	84	
Ⅱ.매출원가	35		7.기업업무추진비	85	
(1)상품매출원가	36		8.유형자산감가상각비	86	
1.기초재고액	37		9.무형자산상각비	87	
2.당기매입원가	38		가.영업권상각비	88	
3.상품관세환급금(−)	39		나.기타무형자산상각비	89	
4.기말재고액	40		10.세금과공과	90	
5.타계정대체액	41		11.광고선전비(판매촉진비 포함)	91	
(2)제조원가	42		12.견본비	92	
1.기초재고액	43		13.차량유지비(유류비 포함)	93	
2.당기총원가(명세별첨)	44		14.연구비	94	
3.제품관세환급금(−)	45		15.경상개발비	95	
4.기말재고액	46		16.대손상각비(충당금전입액포함)	96	
5.타계정대체액	47		17.미분양주택관리비	97	
(3)공사원가	48		18.수주비	98	
1.기초재고액	49		가.국내수주비	99	
2.당기총원가(명세별첨)	50		나.해외수주비	100	
3.기말재고액	51		19.자문료	101	
4.타계정대체액	52		가.국내자문료	102	
(4)운송원가	53		나.해외자문료	103	
(5)임대원가	54		20.지급수수료	104	
(6)분양원가	55		가.국내지급수수료	105	
1.기초재고액	56		나.해외지급수수료	106	
2.당기총원가(명세별첨)	57		21.판매수수료	107	
3.기말재고액	58		22.소모품비	108	
4.타계정대체액	59		23.통신비	109	

210mm×297mm[백상지 80g/㎡ 또는 중질지 80g/㎡]

(3쪽 중 제2쪽)

년 월 일 부터 년 월 일 까지	**표준손익계산서** (일반법인용)	법인명	
		사업자등록번호	

(단위 : 원)

계 정 과 목	코드	금 액	계 정 과 목	코드	금 액
24.운반비	110		22.수수료수익	164	
25.보관료	111		가.국내수수료수익	165	
26.건물 · 시설관리비(수선비 제외)	112		나.해외수수료수익	166	
27.수선비	113		23.사용료 · 로열티수익	167	
28.수도광열비(전기료 제외)	114		가.국내사용료 · 로열티수익	168	
29.전기료	115		나.해외사용료 · 로열티수익	169	
30.인쇄비	116		24.정부보조금	170	
31.교육훈련비	117		25.판매장려금수익	171	
32.특허권등 사용료	118		26.위약금 · 보상금 · 배상금수익	172	
33.수출입제비용	119		27.상각채권추심이익	173	
34.해외시장개척비	120		28.기타	174	
35.외주용역비	121		Ⅶ.영업외비용	179	
가.국내외주용역비	122		1.이자비용	180	
나.해외외주용역비	123		2.기타대손상각비	181	
36.인적용역비	220		3.유가증권처분손실	182	
37.기타	124		가.단기매매증권처분손실	183	
Ⅴ.영업손익	129		나.매도가능증권처분손실	184	
Ⅵ.영업외수익	130		다.지분법적용투자주식처분손실	185	
1.이자수익	131		4.매출채권처분손실	186	
2.배당금수익	132		5.단기투자자산평가손실	187	
3.임대료	133		6.재고자산감모손실	188	
4.유가증권처분이익	134		7.외환차손	189	
가.단기매매증권처분이익	135		8.외화환산손실	190	
나.매도가능증권처분이익	136		9.지분법손실	191	
다.지분법적용투자주식처분이익	137		10.장기투자증권손상차손	192	
5.매출채권처분이익	138		가.매도가능증권손상차손	193	
6.단기투자자산평가이익	139		나.만기보유증권손상차손	194	
7.외환차익	140		11.파생상품관련손실	195	
8.외화환산이익	141		가.파생상품평가손실	196	
9.지분법이익	142		나.파생상품거래손실	197	
10.장기투자증권손상차손환입	143		다.기타파생상품손실	198	
가.매도가능증권손상차손환입	144		12.투자부동산처분손실	199	
나.만기보유증권손상차손환입	145		13.유형자산처분손실	200	
11.파생상품관련이익	146		가.토지처분손실	201	
가.파생상품평가이익	147		나.건물처분손실	202	
나.파생상품거래이익	148		다.기계장치처분손실	203	
다.기타파생상품이익	149		라.기타유형자산처분손실	204	
12.투자부동산처분이익	150		14.무형자산처분손실	205	
13.유형자산처분이익	151		15.기부금	206	
가.토지처분이익	152		16.사채상환손실	207	
나.건물처분이익	153		17.위약금 · 보상금 · 배상금비용	208	
다.기계장치처분이익	154		18.기타충당금 · 준비금전입	209	
라.기타유형자산처분이익	155		19.전기오류수정손실	210	
14.무형자산처분이익	156		20.재해손실	211	
15.사채상환이익	157		21.기타	212	
16.법인세환급액	158		Ⅷ.법인세비용차감전손익	217	
17.충당금 · 준비금환입	159		Ⅸ.법인세비용	218	
18.전기오류수정이익	160		Ⅹ.당기순손익	219	
19.자산수증이익	161				
20.채무면제(조정)이익	162				
21.보험차익	163				

210mm×297mm[백상지 80g/㎡ 또는 중질지 80g/㎡]

작성방법

※ 이 표준손익계산서는 기업회계기준(K-IFRS, 중소기업회계기준 등)을 준용하여 작성한 손익계산서를 기준으로 다음과 같이 작성하여야 합니다.

1. 이 표준손익계산서는 표준재무상태표(일반법인용)[별지 제3호의2서식(1)]의 작성대상법인이 작성하며 기업회계기준에 따른 계속사업과 중단사업에서 발생하는 손익을 포함합니다.
2. 손익계산서의 계정과목과 동일한 계정과목이 없는 경우에는 기타란에 회사에서 사용하는 계정과목과 금액을 적습니다.
3. Ⅱ.(2).2.당기총원가(명세별첨)란은 부속명세서[별지 제3호3서식(3)]의 당기제품제조원가(1.제조원가명세서의 Ⅸ), 당기공사원가(2.공사원가명세서의 Ⅺ), 임대원가 계(3.임대원가명세서의 임대원가 계), 당기완성주택 등 공사비(4.분양원가명세서의 Ⅺ), 당기총운송원가(5.운송원가명세서의 Ⅴ), 당기총원가(6.기타원가명세서의 Ⅸ)의 합계액과 일치하여야 합니다.

210mm×297mm[백상지 80g/㎡ 또는 중질지 80g/㎡]

년 월 일 부터 년 월 일 까지	부속명세서	법인명	
		사업자등록번호	

(단위 : 원)

1. 제조원가명세서			2. 공사원가명세서		
계 정 과 목	코드	금 액	계 정 과 목	코드	금 액
Ⅰ.재료비	1		Ⅰ.재료비	1	
1.기초재료재고액	2		1.기초재료재고액	2	
2.당기재료매입액	3		2.당기재료매입액	3	
3.기말재료재고액	4		3.기말재료재고액	4	
Ⅱ.노무비	5		Ⅱ.노무비	5	
1.급여	6		1.급여	6	
가.임원급여	7		가.임원급여	7	
나.직원급여	8		나.직원급여	8	
다.임원상여금	9		다.임원상여금	9	
라.직원상여금	10		라.직원상여금	10	
2.일용급여	11		2.일용급여	11	
3.퇴직급여(충당금전입액포함)	12		3.퇴직급여(충당금전입액포함)	12	
가.임원퇴직급여	13		가.임원퇴직급여	13	
나.직원퇴직급여	14		나.직원퇴직급여	14	
Ⅲ.경비	15		Ⅲ.외주비	15	
1.전력비	16		Ⅳ.경비	16	
2.가스 · 수도 · 유류비	17		1.전력비	17	
3.운임	18		2.가스 · 수도 · 유류비	18	
4.감가상각비	19		3.운임	19	
5.수선비	20		4.감가상각비	20	
6.소모품비	21		5.수선비	21	
7.세금과공과	22		6.소모품비	22	
8.임차료	23		7.세금과공과	23	
9.보험료	24		8.중장비유지비	24	
10.복리후생비	25		9.중기임차료	25	
11.여비교통비	26		10.보험료	26	
12.통신비	27		11.복리후생비	27	
13.차량유지비	28		12.여비교통비	28	
14.외주가공비	29		13.통신비	29	
15.특허권사용료	30		14.차량유지비	30	
16.경상개발비	31		15.현장관리비	31	
17.연구비	32		16.하자보수비	32	
18.포장비	33		17.경상개발비	33	
19.기업업무추진비	34		18.연구비	34	
20.지급수수료	35		19.포장비	35	
21.교육훈련비	36		20.기업업무추진비	36	
22.인쇄비	37		21.보상비	37	
23.보관료	38		22.지급수수료	38	
24.기타	39		23.설계용역비	39	
Ⅳ.당기총제조비용	44		24.교육훈련비	40	
Ⅴ.기초재공품원가	45		25.보관료	41	
Ⅵ.합계	46		26.광고선전비	42	
Ⅶ.기말재공품원가	47		27.기타	43	
Ⅷ.타계정대체액	48		Ⅴ.당기총공사비용	47	
Ⅸ.당기제품제조원가	49		Ⅵ.공사손실충당금전입액	48	
			Ⅶ.기초미성공사	49	
			Ⅷ.합계	50	
			Ⅸ.기말미성공사	51	
			Ⅹ.타계정대체액	52	
			XI.당기공사원가	53	

210mm×297mm[백상지 80g/㎡ 또는 중질지 80g/㎡]

(3쪽 중 제2쪽)

년 월 일 부터 년 월 일 까지	부속명세서	법인명	
		사업자등록번호	

(단위 : 원)

3. 임대원가명세서

계 정 과 목	코드	금 액
1. 급여	1	
가. 임원급여	2	
나. 직원급여	3	
다. 임원상여금	4	
라. 직원상여금	5	
2. 일용급여	6	
3. 퇴직급여(충당금전입액포함)	7	
가. 임원퇴직급여	8	
나. 직원퇴직급여	9	
4. 전력비	10	
5. 가스 · 수도 · 유류비	11	
6. 차량유지비	12	
7. 감가상각비	13	
8. 수선유지비	14	
9. 소모품비	15	
10. 세금과공과	16	
11. 지급임차료	17	
12. 보험료	18	
13. 복리후생비	19	
14. 여비교통비	20	
15. 통신비	21	
16. 용역비	22	
17. 경상개발비	23	
18. 연구비	24	
19. 기업업무추진비	25	
20. 지급수수료	26	
21. 설계용역비	27	
22. 교육훈련비	28	
23. 인쇄비	29	
24. 보관료	30	
25. 기타	31	
임대원가 계	36	

4. 분양원가명세서

계 정 과 목	코드	금 액
Ⅰ. 재료비	1	
(1)토지원가	2	
(2)재료비	3	
1. 기초재료재고액	4	
2. 당기재료매입액	5	
3. 기말재료재고액	6	
Ⅱ. 노무비	7	
1. 급여	8	
가. 임원급여	9	
나. 직원급여	10	
다. 임원상여금	11	
라. 직원상여금	12	
2. 일용급여	13	
3. 퇴직급여(충당금전입액포함)	14	
가. 임원퇴직급여	15	
나. 직원퇴직급여	16	
Ⅲ. 외주비	17	
Ⅳ. 경비	18	
1. 전력비	19	
2. 가스 · 수도 · 유류비	20	
3. 운임	21	
4. 감가상각비	22	
5. 수선비	23	
6. 소모품비	24	
7. 세금과공과	25	
8. 중장비유지비	26	
9. 중기임차료	27	
10. 보험료	28	
11. 복리후생비	29	
12. 여비교통비	30	
13. 통신비	31	
14. 차량유지비	32	
15. 현장관리비	33	
16. 하자보수비	34	
17. 경상개발비	35	
18. 연구비	36	
19. 포장비	37	
20. 기업업무추진비	38	
21. 보상비	39	
22. 지급수수료	40	
23. 설계용역비	41	
24. 교육훈련비	42	
25. 인쇄비	43	
26. 보관료	44	
27. 기타	45	
Ⅴ. 당기총공사비용	47	
Ⅵ. 공사손실충당금전입액	48	
Ⅶ. 기초미완성주택등	49	
Ⅷ. 합계	50	
Ⅸ. 기말미완성주택등	51	
Ⅹ. 타계정대체액	52	
Ⅺ. 당기완성주택등공사비	53	

210mm×297mm[백상지 80g/㎡ 또는 중질지 80g/㎡]

년 월 일 부터 년 월 일 까지	**부속명세서**	법인명	
		사업자등록번호	

(단위 : 원)

5. 운송원가명세서			6. 기타원가명세서		
계 정 과 목	코드	금 액	계 정 과 목	코드	금 액
Ⅰ.재료비	1		Ⅰ.재료비	1	
1.유류비	2		1.기초재료재고액	2	
2.부품비	3		2.당기재료매입액	3	
3.타이어비	4		3.기말재료재고액	4	
4.기타	5		Ⅱ.노무비	5	
Ⅱ.노무비	10		1.급여	6	
1.급여	11		가.임원급여	7	
가.임원급여	12		나.직원급여	8	
나.직원급여	13		다.임원상여금	9	
다.임원상여금	14		라.직원상여금	10	
라.직원상여금	15		2.일용급여	11	
2.일용급여	16		3.퇴직급여	12	
3.퇴직급여	17		가.임원퇴직급여	13	
가.임원퇴직급여	18		나.직원퇴직급여	14	
나.직원퇴직급여	19		Ⅲ.경비	15	
Ⅲ.경비	20		1.전력비	16	
1.전력	21		2.가스 · 수도 · 유류비	17	
2.가스 · 수도비	22		3.운임	18	
3.통행료	23		4.감가상가비	19	
4.청소비	24		5.수선비	20	
5.감가상각비	25		6.소모품비	21	
6.수선비	26		7.세금과공과	22	
7.소모품비	27		8.임차료	23	
8.세금과공과	28		9.보험료	24	
9.임차료	29		10.복리후생비	25	
가.차량	30		11.여비교통비	26	
나.장비	31		12.통신비	27	
다.기타	32		13.차량유지비	28	
10.보험료	33		14.외주가공비	29	
11.복리후생비	34		15.경상개발비	30	
12.여비교통비	35		16.연구비	31	
13.통신비	36		17.포장비	32	
14.차량유지비	37		18.기업업무추진비	33	
15.기업업무추진비	38		19.지급수수료	34	
16.지급수수료	39		20.교육훈련비	35	
17.하역작업료	40		21.인쇄비	36	
18.교육훈련비	41		22.보관료	37	
19.인쇄비	42		23.기타	38	
20.보관료	43		Ⅳ.당기총비용	43	
21.기타	44		Ⅴ.기초재공품원가	44	
Ⅳ.타계정대체액	49		Ⅵ.합계	45	
Ⅴ.당기총운송원가	50		Ⅶ.기말재공품원가	46	
			Ⅷ.타계정대체액	47	
			Ⅸ.당기총원가	48	

210mm×297mm[백상지 80g/㎡ 또는 중질지 80g/㎡]

2. 금융·보험·증권업 법인의 표준재무제표

법인세법시행규칙 [별지 제3호의 2 서식(3)] (2021.10.28. 개정) (3쪽 중 제1쪽)

표준재무상태표

(금융 · 보험 · 증권업 법인용) (단위 : 원)

사업자등록번호 / 법인등록번호		법인명		년 월 일 현재	
계 정 과 목	코드	금 액	계 정 과 목	코드	금 액
Ⅰ.현금 및 예치금	1		(대손충당금)	106	
(1)현금 및 현금성자산	2		5.부동산담보대출금(보험업)	107	
1.현금	3		(대손충당금)	108	
2.예금	4		6.신용대출금(보험업)	109	
3.MMDA	5		(대손충당금)	110	
4.MMF	6		7.신용공여금(증권업)	111	
5.금융어음	7		(대손충당금)	112	
6.기타	8		8.기타	113	
(2)예치금	18		(대손충당금)	114	
1.지급준비예치금	19		(2)콜론	123	
2.중앙회예치금	20		(3)내국수입유산스	124	
3.고객예탁금별도예치금(예금)	21		(대손충당금)	125	
4.고객예탁금별도예치금(신탁)	22		(4)신용카드채권	126	
5.기타	23		1.카드대급금	127	
(3)기타	33		(대손충당금)	128	
Ⅱ.유가증권	43		2.카드론	129	
(1)단기매매증권	44		(대손충당금)	130	
1.주식	45		3.기타	131	
2.채권	46		(대손충당금)	132	
3.신주인수권증서	47		(5)매입외환	141	
4.수익증권	48		(대손충당금)	142	
5.기업융통어음	49		(6)할인 및 매입어음	143	
6.해외유가증권	50		(대손충당금)	144	
7.신종증권	51		(7)환매조건부채권 매수	145	
8.기타	52		(8)팩토링채권	146	
(2)매도가능증권	62		(대손충당금)	147	
1.주식	63		(9)지급보증대지급	148	
2.출자금	64		(대손충당금)	149	
3.채권	65		(10)사모사채	150	
4.수익증권	66		(대손충당금)	151	
5.해외유가증권	67		(11)할부금융채권	152	
6.신종증권	68		(대손충당금)	153	
7.기타	69		Ⅳ.파생상품자산	154	
(3)만기보유증권	79		(1)선물	155	
1.주식	80		(2)옵션	156	
2.채권	81		(3)장외파생상품	157	
3.수익증권	82		Ⅴ.어음관리계좌자산	158	
4.해외유가증권	83		(1)예치금	159	
5.기타	84		(2)유가증권	160	
(4)지분법적용투자주식	94		(3)할인및매입어음	161	
1.주식	95		(대손충당금)	162	
2.출자금	96		Ⅵ.리스자산	163	
Ⅲ.대출채권	97		(1)금융리스채권	164	
(1)대출금	98		(현재가치할인차금)	165	
1.원화대출금(은행업)	99		(대손충당금)	166	
(대손충당금)	100		(2)운용리스자산	167	
2.외화대출금(은행업)	101		(감가상각누계액)	168	
(대손충당금)	102		(리스자산처분손실충당금)	169	
3.보험약관대출금(보험업)	103		(3)해지금융리스채권	170	
(대손충당금)	104		(대손충당금)	171	
4.유가증권담보대출금(보험업)	105		(4)해지금융리스자산	172	

210mm×297mm[백상지 80g/㎡ 또는 중질지 80g/㎡]

표준재무상태표

(금융 · 보험 · 증권업 법인용) (단위 : 원)

사업자등록번호 / 법인등록번호			법인명		년 월 일 현재	
계 정 과 목	코드	금 액	계 정 과 목		코드	금 액
(감가상각누계액)	173		Ⅸ.특별계정자산(보험업)		269	
(5)선급리스자산	174		자산총계(Ⅰ+~Ⅸ)		270	
(6)기타	175		Ⅰ.예수부채		271	
Ⅶ.유형자산	185		(1)예수금		272	
(1)토지	186		1.요구불예금		273	
(손상차손누계액)	187		2.기한부예금		274	
(2)건물	188		3.고객예수금		275	
(감가상각누계액)	189		4.수입담보금		276	
(손상차손누계액)	190		(2)기타		277	
(3)차량운반구	191		Ⅱ.차입부채		287	
(감가상각누계액)	192		(1)단기차입금		288	
(4)임차시설물	193		(2)장기차입금		289	
(감가상각누계액)	194		(3)콜머니		290	
(5)건설중인자산	195		(4)매출어음		291	
(6)집기,기구,비품	196		(5)환매조건부채권 매도		292	
(감가상각누계액)	197		(6)기타		293	
(손상차손누계액)	198		Ⅲ.사채		303	
(7)기타	199		(1)후순위사채		304	
Ⅷ.기타자산	204		(2)전환사채		305	
(1)투자부동산	205		(3)기타		306	
1.토지	206		Ⅳ.파생상품부채		311	
2.건물	207		(1)선물		312	
(감가상각누계액)	208		(2)옵션		313	
3.기타	209		(3)장외파생상품		314	
(감가상각누계액)	210		Ⅴ.기타부채		315	
(2)비업무용자산	219		(1)퇴직급여충당부채		316	
(3)보증금	220		(2)퇴직연금미지급금		317	
(4)미수금	221		(국민연금전환금)		318	
1.자기매매미수금	222		(퇴직보험예치금)		319	
(대손충당금)	223		(퇴직연금운용자산)		320	
2.위탁매매미수금	224		(3)미지급금		321	
(대손충당금)	225		(4)미지급배당금		322	
3.보험미수금	226		(5)미지급법인세		323	
(대손충당금)	227		(6)미지급비용		324	
4.기타	228		1.미지급이자		325	
(대손충당금)	229		2.기타		326	
(5)선급금	238		(7)선수금		331	
1.채권경과이자	239		(8)선수수익		332	
2.기타	240		(9)보증금		333	
(6)선급비용	245		1.수입보증금		334	
1.선급법인세	246		2.리스보증금		335	
2.기타	247		3.임대보증금		336	
(7)이연법인세자산	252		4.기타		337	
(8)무형자산	253		(10)이연법인세부채		342	
1.영업권	254		(11)지급보증충당부채		343	
2.산업재산권	255		(12)기타		344	
3.개발비	256		Ⅵ.보험사제준비금		354	
4.소프트웨어	257		(1)책임준비금		355	
5.기타	258		(출재보험준비금)		356	
(9)손해배상공동기금	263		(2)계약자지분조정		357	
(10)기타	264		(3)비상위험준비금		358	

210mm×297mm[백상지 80g/㎡ 또는 중질지 80g/㎡]

(3쪽 중 제3쪽)

표준재무상태표

(금융 · 보험 · 증권업 법인용) (단위 : 원)

사업자등록번호		법인명		년 월 일 현재
법인등록번호				

계 정 과 목	코드	금 액	계 정 과 목	코드	금 액
Ⅶ.특별계정부채(보험업)	359				
부채총계(Ⅰ+~Ⅶ)	360				
Ⅷ.자본금	361				
(1)보통주자본금	362				
(2)우선주자본금	363				
Ⅸ.자본잉여금	364				
(1)주식발행초과금	365				
(2)감자차익	366				
(3)자기주식처분이익	367				
(4)재평가적립금	368				
(5)기타	369				
Ⅹ.자본조정	374				
(1)주식할인발행차금	375				
(2)감자차손	376				
(3)자기주식	377				
(4)미교부주식배당금	378				
(5)자기주식처분손실	379				
(6)주식매수선택권	380				
(7)기타	381				
Ⅺ.기타포괄손익누계액	386				
(1)매도가능증권평가손익	387				
(2)해외사업환산손익	388				
(3)지분법자본변동	389				
(4)현금흐름위험회피파생상품 평가손익	390				
(5)재평가잉여금	391				
(6)기타	392				
Ⅻ.이익잉여금	397				
(1)이익준비금	398				
(2)기업합리화적립금	399				
(3)재무구조개선적립금	400				
(4)「조세특례제한법」상 준비금	401				
(5)기타임의적립금	402				
(6)미처분이익잉여금 또는 미처리결손금	403				
자본총계(Ⅷ+~Ⅻ)	404				
부채와 자본총계	405				

작성방법

※ 이 표준재무상태표는 기업회계기준(K－IFRS, 중소기업회계기준 등)을 준용하여 작성한 재무상태표를 기준으로 다음과 같이 작성하여야 합니다.

1. 이 표준재무상태표는 한국표준산업분류표상 금융 · 보험 · 증권업 법인(금융관련서비스업 중 기타금융서비스업과 보험 및 연금관련 서비스업 및 금융지주회사 외의 지주회사는 제외한다)이 작성합니다.
2. 재무상태표의 계정과목과 동일한 계정과목이 없는 경우에는 기타란에 회사에서 사용하는 계정과목과 금액을 적습니다.

210mm×297mm[백상지 80g/㎡ 또는 중질지 80g/㎡]

3. 금융·보험·증권업 법인용 표준손익계산서

■ 법인세법 시행규칙 [별지 제3호의3서식(2)] 〈개정 2024. 3. 22.〉

(3쪽 중 제1쪽)

년 월 일 부터 년 월 일 까지	표준손익계산서 (금융·보험·증권업 법인용)	법인명	
		사업자등록번호	

(단위 : 원)

계 정 과 목	코드	금 액	계 정 과 목	코드	금 액
Ⅰ.영업수익	1		바.해외유가증권처분이익	69	
(1)이자수익	2		사.신종증권처분(상환)이익	70	
1.예적금(예치금)이자	3		아.기타	71	
2.대출채권이자	4		2.매도가능증권처분이익	81	
3.매입어음이자	5		가.주식처분이익	82	
4.유가증권이자	6		나.출자금처분이익	83	
가.단기매매증권	7		다.채권처분이익	84	
나.매도가능증권	8		라.수익증권처분이익	85	
다.만기보유증권	9		마.해외유가증권처분이익	86	
5.채권이자	10		바.신종증권처분(상환)이익	87	
6.콜론이자	11		사.기타	88	
7.할부금융이자	12		(10)유가증권평가이익	98	
8.금융리스이자	13		1.주식평가이익	99	
9.기업융통어음이자	14		2.채권평가이익	100	
10.증권금융예치금이자	15		3.신주인수권증서평가이익	101	
11.양도성정기예금증서이자	16		4.수익증권평가이익	102	
12.환매조건부채권매수이자	17		5.기업융통어음평가이익	103	
13.신용거래융자이자	18		6.신종증권평가이익	104	
14.주주·임원·직원대여금 이자	19		7.기타	105	
15.기타	20		(11)매도가능증권손상차손환입	115	
(2)수수료수익	30		(12)만기보유증권손상차손환입	116	
1.수입수수료	31		(13)신탁업무운용수익	117	
2.수입보증료	32		(14)외환거래이익	118	
3.신용카드수수료	33		1.외환차익	119	
4.중도해지수수료	34		2.외화환산이익	120	
5.수탁수수료(증권업)	35		(15)파생상품거래이익	121	
6.수익증권취급수수료	36		1.선물거래이익	122	
7.인수및주선수수료	37		2.옵션거래이익	123	
8.자산관리수수료	38		3.장외파생상품거래이익	124	
9.자문수수료	39		(16)파생상품평가이익	125	
10.신종증권판매수수료	40		1.선물평가이익	126	
11.신탁보수	41		2.옵션평가이익	127	
12.기타	42		3.장외파생상품평가이익	128	
(3)보험료수익	52		(17)투자부동산처분이익	129	
1.개인보험료	53		(18)투자부동산평가이익	130	
2.단체보험료	54		(19)충당부채 및 준비금 환입액	131	
(4)재보험수익	55		1.지급보증충당부채환입액	132	
(5)구상이익	56		2.책임준비금환입액	133	
(6)대출채권평가및처분이익	57		3.비상위험준비금환입액	134	
1.대손충당금환입액	58		4.기타	135	
2.대출채권처분이익	59		(20)수입임대료(보험업)	145	
(7)리스및렌탈관련수익	60		(21)기타	146	
(8)배당금수익	61		Ⅱ.영업비용	156	
(9)유가증권처분이익	62		(1)이자비용	157	
1.단기매매증권처분이익	63		1.예수금이자	158	
가.주식처분이익	64		2.차입금이자	159	
나.채권처분이익	65		3.사채이자	160	
다.신주인수권증서처분이익	66		4.콜머니이자	161	
라.수익증권처분이익	67		5.환매조건부채권매도이자	162	
마.기업융통어음처분이익	68		6.기타	163	

210mm×297mm[백상지 80g/㎡ 또는 중질지 80g/㎡]

년 월 일 부터 년 월 일 까지	**표준손익계산서** (금융 · 보험 · 증권업 법인용)	법인명 사업자등록번호	

(단위 : 원)

계 정 과 목	코드	금 액	계 정 과 목	코드	금 액
(2)수수료비용	173		(16)외환거래손실	259	
1.지급수수료	174		1.외환차손	260	
2.신용카드관련수수료	175		2.외화환산손실	261	
3.투자상담사수수료	176		(17)대손상각비	262	
4.기타	177		(18)판매비와 관리비(사업비)	263	
(3)유가증권처분손실	187		1.신계약비	264	
1.단기매매증권처분손실	188		2.신계약상각비	265	
가.주식처분손실	189		3.급여	266	
나.채권처분손실	190		가.임원급여	267	
다.신주인수권증서처분손실	191		나.직원급여	268	
라.수익증권처분손실	192		다.임원상여금	269	
마.기업융통어음처분손실	193		라.직원상여금	270	
바.신종증권처분(상환)손실	194		마.잡급(일용급여)	271	
사.기타	195		4.퇴직급여	272	
2.매도가능증권처분손실	205		가.임원퇴직급여	273	
가.주식처분손실	206		나.직원퇴직급여	274	
나.출자금처분손실	207		다.퇴직급여충당부채전입액	275	
다.채권처분손실	208		5.보험료	276	
라.수익증권처분손실	209		6.복리후생비	277	
마.기업융통어음매매손실	210		7.여비교통비	278	
바.해외유가증권처분손실	211		8.임차료	279	
사신종증권처분(상환)손실	212		가.부동산임차료	280	
아.기타	213		나.차량임차료(리스료 포함)	281	
(4)유가증권평가손실	223		다.기타	282	
1.주식평가손실	224		9.차량유지비(유류비 포함)	287	
2.채권평가손실	225		10.기업업무추진비	288	
3.수익증권평가손실	226		11.유형자산감가상각비	289	
4.신주인수권증서평가손실	227		12.무형자산상각비	290	
5.기업융통어음평가손실	228		가.영업권상각비	291	
6.신종증권평가손실	229		나.기타 무형자산상각비	292	
7.기타	230		13.세금과공과	293	
(5)매도가능증권손상차손	240		14.광고선전비(판매촉진비 포함)	294	
(6)만기보유증권손상차손	241		15.연구비	295	
(7)파생상품거래손실	242		16.경상개발비	296	
1.선물거래손실	243		17.소모품비	297	
2.옵션거래손실	244		18.통신비	298	
3.장외파생상품거래손실	245		19.운반및보관료	299	
(8)파생상품평가손실	246		20.건물·시설관리비(수선비 제외)	300	
1.선물평가손실	247		21.수선비	301	
2.옵션평가손실	248		22.수도광열비	302	
3.장외파생상품평가손실	249		23.인쇄비	303	
(9)대출채권처분손실	250		24.교육훈련비	304	
(10)신탁업무운용손실	251		25.전산운영비	305	
(11)리스및렌탈관련비용	252		26.기타 판매비와 관리비	306	
(12)책임준비금등전입액	253		(19)기타영업비용	316	
1.책임준비금전입액	254		Ⅲ.영업손익	326	
2.비상위험준비금전입액	255		Ⅳ.영업외수익	327	
3.해약환급금준비금	371		(1)유형자산처분이익	328	
(13)보험,배당,환급금 비용	256		(2)유형자산손상차손환입	329	
(14)재보험비용	257		(3)비업무용자산처분이익	330	
(15)재보험료비용	258				

210mm×297mm[백상지 80g/㎡ 또는 중질지 80g/㎡]

년 월 일 부터 년 월 일 까지	표준손익계산서 (금융 · 보험 · 증권업 법인용)	법인명	
		사업자등록번호	

(단위 : 원)

계 정 과 목	코드	금 액	계 정 과 목	코드	금 액
(4)지분법이익	331		(4)지분법손실	351	
(5)전기오류수정이익	332		(5)지분법주식처분손실	352	
(6)자산수증이익	333		(6)「조세특례제한법」상 준비금	353	
(7)채무면제(조정)이익	334		(7)기부금	354	
(8)보험차익	335		(8)전기오류수정손실	355	
(9)지분법주식처분이익	336		(9)재해손실	356	
(10)수입임대료(보험업 외)	337		(10)유입물건관리비	357	
(11)기타	338		(11)기타	358	
Ⅴ.영업외비용	347		Ⅵ.법인세비용차감전손익	368	
(1)유형자산처분손실	348		Ⅶ.법인세비용	369	
(2)유형자산손상차손	349		Ⅷ.당기순손익	370	
(3)비업무용자산처분손실	350				

작성방법

※ 이 표준손익계산서는 기업회계기준(K-IFRS, 중소기업회계기준 등)을 준용하여 작성한 손익계산서를 기준으로 다음과 같이 작성해야 합니다.

1. 이 표준손익계산서는 표준재무상태표[금융 · 보험 · 증권업 법인용(금융관련서비스업 중 기타금융서비스업과 보험 및 연금관련 서비스업 및 금융지주회사 외의 지주회사를 제외합니다)] [별지 제3호의2서식(3)]의 작성대상 법인이 작성하며 기업회계기준에 따른 계속사업과 중단사업에서 발생하는 손익을 포함합니다.
2. 손익계산서의 계정과목과 동일한 계정과목이 없는 경우에는 기타란에 회사에서 사용하는 계정과목과 금액을 적습니다.

210mm×297mm[백상지 80g/㎡ 또는 중질지 80g/㎡]

3. 지출증명서류 합계표의 작성방법

지출증명서류 합계표[법칙 별지 제77호 서식]의 작성방법은 다음과 같다.

(1) 표준재무상태표 계정과목별 지출증명서류 수취금액

1) 작성대상계정과목

당좌자산 중 선급금, 일부재고자산, 투자부동산, 유형·무형자산이 작성대상이다.

2) 계정과목(①~③란)

지출증명서류 수취대상 거래가 포함된 계정과목에 대하여 “표준재무상태표(별지 제3호의 2 서식)”의 각 계정과목별 코드, 계정과목명, 금액(당해 사업연도 증가금액)을 적는다.

3) 지출증명서류 수취금액(④~⑨란)

각 계정과목별로 신용카드 매출전표 등 「법인세법」 제116조 제2항 각 호의 지출증명서류 수취금액을 적는다.

다만, 개인신용카드(⑥)의 경우에는 법인 업무용으로 사용된 것으로 「법인세법」상 인정되는 것으로 한정하여 적는다.

⑤, ⑥ 신용카드, ⑦ 현금영수증, ⑧ 세금계산서, ⑨ 계산서란에는 공급가액만 기재하되, ⑤, ⑥, ⑦란 중 부가가치세 매입세액 불공제분은 불공제금액을 포함하여 ⑤, ⑥, ⑦에 기입하고, ⑧ 세금계산서 중 부가가치세 매입세액 불공제금액은 ⑩ 수취제외대상금액이 된다.

4) 수취제외대상금액(⑩란)

여기서 수취제외(⑩란)는 「법인세법 시행령」 제158조 제1항 제1호(제2호, 제3호) 단서와 「법인세법 시행령」 제158조 제2항에 해당되는 경우의 수취제외금액과 지출증명서류 미수취금액으로 나누어진다(이하 ㉒와 ㉟도 동일하다).

이 경우 지출증명서류 수취제외에 해당되는 내용은 다음과 같다.

① 「법인세법 시행령」 제158조 제1항 제1호(제2호, 제3호) 단서에 해당되는 경우

「법인세법 시행령」 제158조 제1항 제1호(제2호, 제3호) 단서에 해당되는 경우는 지출증명서류 수취대상에서 제외되는 사업자와의 거래를 말한다(위 제3절 '거래상대방의 범위' 참조).

② 「법인세법 시행령」 제158조 제2항에 해당되는 경우

「법인세법 시행령」 제158조 제2항에 해당되는 경우는 위 제5절 '정규증명서류의 특례'에서 자세히 설명하였다.

5) 차이(⑪란)

차이(⑪란)는 (③－④－⑩)로 계산되며 지출증명서류를 수취하지 못하여 손금불산입(기업업무추진비의 경우) 또는 증명서류수취불성실가산세가 적용되는 부분의 합계이다(이하 ㉓과 ㊱도 동일하다).

6) 계정과목별 구체적인 작성방법

표준재무상태표의 계정과목별로 구체적인 작성방법은 다음과 같다.

해당 계정과목별로 당기 증가액이 지출증명서류 합계표의 작성대상금액이다.

① 당좌자산

표준재무상태표의 현금 및 현금성자산, 단기예금, 유가증권, 매출채권, 단기대여금 등은 작성대상계정과목이 아니다.

그러나 선급금(code 38)의 경우 아래의 규정에 의하여 세금계산서를 수취한 금액은 ⑧ 세금계산서상 공급가액을 세금계산서란에 기재하면 된다.

> 부가가치세법 제17조 【재화 및 용역의 공급시기의 특례】
>
> ① 사업자가 제15조 또는 제16조에 따른 재화 또는 용역의 공급시기(이하 이 조에서 "재화 또는 용역의 공급시기"라 한다)가 되기 전에 재화 또는 용역에 대한 대가의 전부 또는 일부를 받고, 그 받은 대가에 대하여 제32조에 따른 세금계산서 또는 제36조에 따른 영수증을 발급하면 그 세금계산서 등을 발급하는 때를 각각 그 재화 또는 용역의 공급시기로 본다.
>
> ② 사업자가 재화 또는 용역의 공급시기가 되기 전에 제32조에 따른 세금계산서를 발급하고 그 세금계산서 발급일부터 7일 이내에 대가를 받으면 해당 세금계산서를 발급한 때를 재화 또는 용역의 공급시기로 본다.
>
> ③ 제2항에도 불구하고 다음 각 호의 어느 하나에 해당하는 경우에는 재화 또는 용역을 공급하는 사업자가 그 재화 또는 용역의 공급시기가 되기 전에 세금계산서를 발급하고 그 세금계산서 발급일부터 7일이 지난 후 대가를 받더라도 해당 세금계산서를 발급한 때를 재화 또는 용역의 공급시기로 본다.
>
> 1. 거래 당사자간의 계약서·약정서 등에 대금 청구시기(세금계산서 발급일을 말한다)와 지급시기를 따로 적고, 대금 청구시기와 지급시기 사이의 기간이 30일 이내인 경우
> 2. 재화 또는 용역의 공급시기가 세금계산서 발급일이 속하는 과세기간 내(공급받는 자가 「부가가치세법」 제59조 제2항에 따라 조기환급을 받은 경우에는 재화 또는 용역의 공급시기가 세금계산서 발급일부터 30일 이내)에 도래하는 경우
>
> ④ 사업자가 할부로 재화 또는 용역을 공급하는 경우 등으로서 대통령령으로 정하는 경우의 공급시기가 되기 전에 제32조에 따른 세금계산서 또는 제36조에 따른 영수증을 발급하는 경우에는 그 발급한 때를 각각 그 재화 또는 용역의 공급시기로 본다.

② 재고자산

가. 제품, 반제품, 재공품, 부산물, 완성주택, 미완성주택, 완성공사, 미완성공사 등은 제조원가명세서, 공사원가명세서 또는 분양원가명세서에서 그 구성내역이 설명되므로 표준재무상태표에서는 작성대상계정과목이 아니다.

나. 상품(code 45)

당기의 상품매입액은 표준손익계산서의 당기매입원가(code 38)에서 작성하므로 표준재무상태표에서는 작성대상계정과목이 아니다.

다. 원재료(code 50)

당기의 원재료 매입액은 부속명세서(제조원가명세서)의 당기재료매입액에서 작성하므로 표준재무상태표에서는 작성대상계정과목이 아니다.

라. 가설재(code 50), 저장품(code 55), 용지(code 59), 당기 증가액이 작성대상금액이다.

마. 미착상품(미착재료)(code 56)

미착상품(미착재료) 중 당기에 수입완료된 금액은 표준손익계산서의 상품매입원가(code 38), 부속명세서의 당기재료매입액에서 작성하면 되고, 기말에 수입이 완료되지 아니한 상품과 재료금액 중 (수입)세금계산서 수취분은 ⑧ 세금계산서란에, 기타 수입부대원가는 ⑩ 수취제외대상금액이 된다.

③ 기타유동자산

미수수익, 선급비용, 이연법인세자산 및 기타 유동자산 모두 작성대상계정과목이 아니다.

④ 투자자산

가. 장기예금, 장기투자증권, 지분법적용투자주식, 장기대여금, 기타투자자산은 작성대상계정과목이 아니다.

나. 투자부동산

투자부동산에 해당하는 토지, 건물, 기타 투자부동산의 당기 증가액이 작성대상금액이다.

계산서를 수취한 토지증가액은 ⑨ 계산서란에, 세금계산서를 수취한 투자부동산 증가액은 ⑧ 세금계산서란에 기입하고 취득세와 기타 취득부대비용 중 지출증명서류 미수취금액은 ⑩ 수취제외대상금액이 된다.

⑤ 유형자산

유형자산의 당기 증가액이 작성대상금액이다.

가. 유형자산의 당기 취득액 중 세금계산서를 수취한 금액은 ⑧ 세금계산서란에, 계산서를 수취한 금액은 ⑨ 계산서란에 기입하고 취득세와 기타 취득부대비용 중 지출증명서류 미수취금액은 ⑩ 수취제외대상금액이 된다.

나. 차량운반구 중 부가가치세 매입세액 불공제금액은 ⑩ 수취제외대상금액에 기입한다.

다. 토지에 관련된 부가가치세 매입세액, 면세사업자의 부가가치세 매입세액과 과세와 면세 겸영사업자의 부가가치세 매입세액 불공제금액도 ⑩ 수취제외대상금액이 된다.

라. 건설중인자산은 다음에 유의해야 한다.

㈎ 건설중인자산을 통하여 당기에 취득을 개시하여 당기에 취득완료한 자산의 증가금액은 해당 유형자산 계정과목에서 작성한다.

㈏ 전기에 취득을 개시하여 당기에 취득완료한 자산의 증가금액은 해당 유형자산계정과목에서 작성하되, 당기 중에 세금계산서 또는 계산서 수취금액은 ⑧ 세금계산서 또는 ⑨ 계산서란에 기입하고, 전기 이전에 지출한 금액은 ⑩ 수취제외대상금액이 된다.

㈐ 당기에 취득을 개시하였으나 당기에 취득이 완료되지 아니한 자산은 당기 중에 세금계산서 또는 계산서 수취금액은 ⑧ 세금계산서 또는 ⑨ 계산서란에 기입하고 그 외의 금액은 ⑩ 수취제외대상금액이 된다.

⑥ 무형자산

무형자산의 당기 증가액이 작성대상금액이다.

가. 무형자산의 당기 취득액 중 세금계산서를 수취한 금액은 ⑧ 세금계산서란에, 계산서를 수취한 금액은 ⑨ 계산서란에 기입하고 취득세와 기타 취득부대비용 중 지출증명서류 미수취금액은 ⑩ 수취제외대상금액이 된다.

나. 개발비증가액 중 연구원의 인건비와 복리후생비, 세금과공과, 보험료 등의 금액은 ⑩ 수취제외대상금액이 된다.

다. 면세사업자의 부가가치세 매입세액과 과세와 면세 겸영사업자의 부가가치세 매입세액 불공제금액은 ⑩ 수취제외대상금액이 된다.

⑦ 기타 비유동자산

가. 장기매출채권, 장기미수금, 보증금, 이연법인세자산 및 기타비유동자산은 작성대상계정과목이 아니다.

나. 장기선급금(code 215)은 당좌자산의 선급금(code 38)과 같은 방법으로 작성하면 된다.

⑧ 부채

부채 중 금융부채는 작성대상계정과목이 아니며, 나머지 계정과목은 상대 계정과목인 자산 및 비용에서 작성된다. 따라서 부채는 지출증명서류 합계표 작성대상이 아니다.

⑨ 자본

자본금 및 잉여금은 지출증명서류 합계표 작성대상이 아니다.

(2) 표준손익계산서 계정과목별 지출증명서류 수취금액

1) 계정과목(⑬~⑮란)

지출증명서류 수취대상 거래가 포함된 계정과목에 대하여 "표준손익계산서(별지 제3호의 3 서식)"의 각 계정과목별 코드, 계정과목명, 금액(손익계산서 금액)을 적는다.

2) 지출증명서류 수취금액(⑯~㉑란)

① 각 계정과목별로 신용카드 매출전표 등 「법인세법」 제116조 제2항 각 호의 지출증명서류 수취금액을 적는다.
일반법인용 표준손익계산서상 "제조, 공사, 임대, 분양, 운송, 기타 원가" 당기총원가(코드 16)의 경우 표준손익계산서부속명세서 각 계정과목별로 "3. 표준손익계산서부속명세서 계정과목별 지출증명서류 수취금액"에 적는다.

② 개인신용카드(⑱)의 경우에는 법인 업무용으로 사용된 것으로 「법인세법」상 인정되는 것으로 한정하여 적는다.

③ ⑰, ⑱ 신용카드, ⑲ 현금영수증, ⑳ 세금계산서, ㉑ 계산서란에는 공급가액만 기재하되, ⑰, ⑱, ⑲ 중 부가가치세 매입세액 불공제분은 불공제금액을 포함하여 ⑰, ⑱, ⑲에 기입하고, ⑳ 세금계산서 중 부가가치세 매입세액 불공제금액은 ㉒ 수취제외대상금액이 된다.

3) 계정과목별 구체적인 작성방법

① 매출액

매출액 부분은 세금계산서 또는 계산서 발급분이므로 지출증명서류 합계표의 작성대상계정과목이 아니다.

② 매출원가

가. 일반법인용 표준손익계산서상 "제조, 공사, 임대, 분양, 운송, 기타 원가" 당기총원가(코드 16)의 경우 표준손익계산서부속명세서 각 계정과목별로 "3. 표준손익계산서부속명세서 계정과목별 지출증명서류 수취금액"에 적는다.

나. 당기상품매입원가(code 38)

㈎ 당기에 취득을 개시하여 당기에 취득완료된 상품의 경우에는 지출증명서류 수취형태에 따라 ⑰~㉑에 기입한다. 대부분은 ⑳ 세금계산서 또는 ㉑ 계산서란에 기입하게 될 것이다.

㈏ 전기에 취득을 개시하여 당기에 취득완료된 상품의 경우에는 당기 지출금액은 지출증명서류 수취형태에 따라 ⑰~㉑에 기입하고, 전기 이전에 지출한 금액은 ㉒ 수취제외대상금액이 된다.

㈐ 당기에 취득을 개시하여 당기에 취득이 완료되지 아니한 상품매입액은 표준재무상태표의 선급금(code 38) 또는 미착상품(code 56)에서 작성하므로 표준손익계산서의 작성대상이 아니다.

㈑ 면세사업자의 부가가치세 매입세액과 과세와 면세 겸영사업자의 부가가치세 매입세액 불공제금액은 ㉒ 수취제외대상금액이 된다.

③ 판매비와 관리비

가. 작성제외계정과목

인건비(급여, 퇴직급여), 보험료, 세금과공과, 감가상각비, 대손상각비는 지출증명서류 합계표의 작성대상계정과목이 아니다.

나. 작성대상계정과목의 내용에 인건비, 보험료, 세금과공과, 감가상각비 등의 금액이 포함된 경우(예컨대, 경상개발비) 동 금액은 ㉒ 수취제외대상금액이 된다.

다. 면세사업자의 부가가치세 매입세액과 과세와 면세 겸영사업자의 부가가치세 매입세액 불공제금액은 ㉒ 수취제외대상금액이 된다.

작성례 : 판매비와 관리비의 복리후생비의 경우

⑬ 코드	⑭ 과목명	⑮ 금액	⑯ 계	신용카드 등		⑲ 현금 영수증	⑳ 세금 계산서	㉑ 계산서	㉒ 수취제외 대상금액	㉓ 차이
				⑰ 법인	⑱ 개인					
79	복리후생비	×××	×××	×××	×××	×××	×××㊟1	×××㊟2	×××㊟3	×××㊟4

㊟1. 종업원선물대금, 출퇴근버스비용, 창립대회·체육대회 행사비, 작업복·작업화·작업모 구입비 등

㊟2. 임직원 애경사 화환대금 등

㊟3. 국민연금·건강보험·고용보험·산재보험 등의 회사부담분, 임직원경조사비, 동호회 활동비 지원액, 지출건당 3만원 이하 금액 중 지출증명서류미수취액

㊟4. 차이란의 금액 중 기업업무추진비는 손금불산입하고 기타비용은 지출액의 2%의 가산세가 적용된다.

④ 영업외수익

대부분이 금융수익과 유·무형자산의 처분이익이며, 지출증명서류 수취대상이 아니다. 따라서 지출증명서류 합계표의 작성대상계정과목은 없다.

⑤ 영업외비용

금융비용, 유·무형자산의 처분손실, 기부금, 위약금·보상금·배상금비용은 지출증명서류 합계표 작성대상계정과목이 아니다. 배상금비용은 지출증명서류 합계표 작성대상계정과목이 아니다.

전기오류수정손실(code 210) 중 지출증명서류 수취대상이 있는 경우 작성하면 된다.

(3) 표준손익계산서부속명세서 계정과목별 지출증명서류 수취금액

1) 구분(㉕란)

해당 부속명세서에 따라 아래의 코드를 적는다.

구분	제조	공사	임대	분양	운송	기타
코드	41	42	43	44	45	46

2) 계정과목(㉖~㉘란)

지출증명서류 수취대상 거래가 포함된 계정과목에 대하여 “부속명세서[별지 제3호의 3 (3) 서식]”의 각 계정과목별 코드, 계정과목명, 금액(부속명세서 금액)을 적는다.

3) 지출증명서류 수취금액(㉙~㉞란)

① 각 계정과목별로 신용카드 매출전표 등 「법인세법」 제116조 제2항 각 호의 지출증명서류 수취금액을 적는다.

② 개인신용카드(㉛)의 경우에는 법인 업무용으로 사용된 것으로 「법인세법」상 인정되는 것으로 한정하여 적는다.

③ ㉚, ㉛ 신용카드, ㉜ 현금영수증, ㉝ 세금계산서, ㉞ 계산서란에는 공급가액만 기재하되, ㉚, ㉛, ㉜ 중 부가가치세 매입세액 불공제시 불공제금액을 포함하여 ㉚, ㉛, ㉜에 기입하고, ㉝ 세금계산서 중 부가가치세 매입세액 불공제금액은 ㉟ 수취제외대상금액이 된다.

4) 계정과목별 구체적인 작성방법

① 재료비 중 당기재료매입액

가. 당기에 취득을 개시하며 당기에 취득완료된 재료의 경우 지출증명서류 수취형태에 따라 ㉚~㉞에 기입한다. 대부분은 ㉝ 세금계산서 또는 ㉞ 계산서란에 기입하게 될 것이다.

나. 전기에 취득을 개시하여 당기에 취득완료된 재료의 경우에는 당기 지출금액은 지출증명서류 수취형태에 따라 ㉚~㉞에 기입하고, 전기 이전에 지출한 금액은 ㉟ 수취제외대상금액이 된다.

다. 당기에 취득을 개시하여 당기에 취득이 완료되지 아니한 재료매입액은 표준재무상태표의 선급금(code 38) 또는 미착재료(code 56)에서 작성하므로 표준부속명세서의 작성대상이 아니다.

라. 면세사업자의 부가가치세 매입세액과 과세와 면세 겸영사업자의 부가가치세 매입세액 불공제금액은 ㉟ 수취제외대상금액이 된다.

② 노무비

급여, 일용급여, 퇴직급여는 지출증명서류 합계표의 작성대상계정과목이 아니다.

③ 외주비와 기타 경비

표준손익계산서의 판매비와 관리비와 같은 요령으로 작성하면 된다.

4. 개인사업자의 영수증수취명세서의 제출

(1) 제출대상사업자

소규모사업자를 제외한 개인사업자가 사업과 관련하여 사업자(법인을 포함한다)로부터 재화 또는 용역을 공급받고 그 대가를 지불하면서 정규증명서류 이외의 증명서류를 수취한 경우에는 영수증수취현황을 기재한 영수증수취명세서를 소득세확정신고시에 신고서에 첨부하여 제출하여야 한다(소법 §70 ① 5호).

영수증수취명세서는 거래건당 3만원을 초과한 거래 중 정규증명서류가 아닌 영수증을 수취한 내용기재한 것으로 한다(소령 §132 ③).

(2) 영수증수취명세서제출 제외 소규모사업자

영수증수취명세서를 제출하지 아니하는 소규모사업자란 다음 각 호의 어느 하나에 해당하는 사업자를 말한다(소령 §132 ④).

① 해당 과세기간에 신규로 사업을 개시한 사업자

② 직전 과세기간의 부동산임대소득 및 사업소득의 수입금액(결정 또는 경정에 의하여 증가된 수입금액을 포함한다)의 합계액이 4천800만원에 미달하는 사업자

③ 「소득세법」 제127조의 규정에 의하여 원천징수되는 사업소득으로서 「소득세법 시행령」 제137조 제1항에 규정하는 모집수당 또는 판매수당 등만 있는 간편장부대상자인 사업자(소법 §73 ① 4호, 소령 §137 ①)

■ 소득세법 시행규칙 [별지 제40호의 5 서식] 〈개정 2021.3.16.〉 **[일정규모 이상 개인사업자에 한하여 신고시 제출함]**

영수증수취명세서(1)

※ 제2쪽의 작성방법을 읽고 작성하시기 바랍니다. (3쪽 중 제1쪽)

①상 호		②사업자등록번호	- -
③성 명		④생년월일	
⑤주 소	(전화번호 :)		
⑥사업장소재지	(전화번호 :)		
⑦업 태		⑧종 목	

1. 세금계산서·계산서·신용카드 등 미사용 내역

⑨구 분	3만원 초과 거래분		
	⑩총 계	⑪명세서제출제외대상	⑫명세서제출대상 (⑩－⑪)
⑬건 수			
⑭금 액			

2. 3만원 초과 거래분 명세서제출 제외대상 내역

구 분	건 수	금 액	구 분	건 수	금 액
⑮읍·면지역소재			㉖부동산구입		
⑯금융·보험용역			㉗주택임대용역		
⑰비거주자와의 거래			㉘택시운송용역		
⑱농어민과의 거래			㉙전산발매통합관리시스템가입자와의 거래		
⑲국가·지방자치단체 또는 지방자체단체 조합과의 거래			㉚항공기항행용역		
⑳비영리법인과의 거래			㉛간주임대료		
㉑원천징수대상사업소득			㉜연체이자지급분		
㉒사업의 양도			㉝송금명세서제출분		
㉓전기통신·방송용역			㉞접대비필요경비부인분		
㉔국외에서의 공급			㉟유료도로 통행료		
㉕공매·경매·수용			㊱합 계		

「소득세법」 제70조제4항제5호 및 같은 법 시행령 제132조제3항에 따라 영수증수취명세서를 제출합니다.

년 월 일

신 고 인 (서명 또는 인)

세무대리인 (서명 또는 인)

(관리번호 :)

세무서장 귀하

210㎜×297㎜(백상지80g/㎡(재활용품))

소득세법 시행규칙 [별지 제40호의 5 서식] [일정규모 이상 개인사업자에 한하여 신고시 제출함]

영수증수취명세서(2)

(3쪽 중 제3쪽)

①상 호		②사업자등록번호	– –
③성 명		④생 년 월 일	

영수증수취명세 제출대상 거래내역

⑤일련번호	⑥거래일자	공 급 자				⑪거래금액	⑫비 고
		⑦상 호	⑧성 명	⑨사 업 장	⑩사업자등록번호		
계							

제8절 정규증명서류수취불성실에 대한 제재

1. 지출증명서류수취불성실가산세

사업자가 정규증명서류를 수취하지 않은 경우에는 개인사업자 또는 법인사업자의 구분에 따라 증명서류수취불성실가산세가 부과된다.

그러나 정규증명서류가 아닌 일반영수증·입금표·거래명세서 등을 수취한 경우에도 그 거래사실이 객관적으로 확인되는 경우에는 손금에 산입할 수 있다(법인 46012-1281, 1999.4.7.). 따라서 가산세만 적용하는 것이지 거래 자체를 부인하는 것은 아니다.

반면 사업자의 업무무관지출에 대해 손금불산입한 경우에는 지출증명서류수취불성실가산세가 적용될 여지가 없을 것이다.

(1) 법인사업자

1) 증명서류수취불성실가산세

내국법인이 사업과 관련하여 「법인세법 시행령」 제158조 제1항 각 호의 사업자로부터 재화 또는 용역을 공급받고 정규 증명서류를 받지 아니하거나 사실과 다른 증명서류를 받은 경우에는 그 받지 아니하거나 사실과 다르게 받은 금액으로 손금에 산입하는 것이 인정되는 금액(건별로 받아야 할 금액과의 차액을 말한다)의 100분의 2를 가산세로 해당 사업연도의 법인세액에 더하여 납부하여야 한다(법법 §75의 5 ①). 이 경우 증명서류수취불성실가산세는 산출세액이 없는 경우에도 적용한다(법법 §75의 5 ③).

2) 가산세 적용제외 거래

다음 각 호의 어느 하나에 해당하는 경우는 위 '①'의 가산세를 적용하지 아니한다.

가. 「법인세법」 제25조 제2항에 따른 기업업무추진비로서 손금불산입된 경우

나. 「법인세법」 제116조 제2항 각 호 외의 부분 단서의 지출증명서류 수취제외 거래에 해당하는 경우

3) 적용제외법인

국가 및 지방자치단체와 비영리법인(「법인세법」 제2조 제1항의 규정에 해당되는 수익사업과 관련된 부분은 제외한다)에 대하여는 증명서류수취불성실가산세를 적용하지 아니한다(법령 §120 ③).

관련 예규

1. 법인세 과세표준과 관련이 없는 부가가치세 부분에 대하여도 가산세를 부과하는 것은 비례의 원칙에 반하므로 정규증빙미수취 가산세는 부가가치세를 포함하지 않은 공급가액을 기준으로 부과하여야 함(대법원 2017두58717, 2017.12.7.).
2. 비영리내국법인이 수익사업에 해당하지 않는 고유목적사업과 관련하여 재화 또는 용역을 공급받는 경우 가산세가 적용되지 아니함(법인세과-615, 2010.6.29.).

(2) 개인사업자

1) 적용대상사업자

개인사업자[아래 '2)'의 소규모사업자 및 소득금액이 추계되는 자를 제외한다]가 사업과 관련하여 사업자(법인을 포함한다)로부터 재화 또는 용역을 공급받고 정규증명서류를 받지 아니하거나 사실과 다른 증명서류를 받은 경우에는 그 받지 아니하거

나 사실과 다르게 받은 금액으로 필요경비에 산입하는 것이 인정되는 금액(건별로 받아야 할 금액과의 차액을 말한다)의 100분의 2를 가산세로 해당 과세기간의 종합소득 결정세액에 더하여 납부하여야 한다(소법 §81의 6 ①).

이 경우 증명서류수취불성실가산세는 종합소득산출세액이 없는 경우에도 적용한다(소법 §81의 6 ②).

다만, 다음의 어느 하나에 해당하는 경우에는 가산세를 적용하지 아니한다.

① 「소득세법」 제35조 제2항에 따른 기업업무추진비로서 필요경비불산입된 경우

② 「소득세법」 제160조의 2 제2항 각 호 외의 단서의 정규증명서류 수취 제외거래에 해당하는 경우[제1장 제5절 정규증명서류의 특례 참조]

2) 적용제외 사업자

증명서류수취불성실가산세가 적용되지 아니하는 소규모사업자 등은 다음과 같다.

① 소규모사업자

증명서류수취불성실가산세가 적용되지 아니하는 소규모사업자란 다음 각 호의 어느 하나에 해당하는 사업자를 말한다(소법 §81의 6 ①, 소령 §147 ①·§132 ④).

가. 해당 과세기간에 신규로 사업을 개시한 사업자

나. 직전 과세기간의 사업소득의 수입금액(결정 또는 경정에 의하여 증가된 수입금액을 포함한다)의 합계액이 4천800만원에 미달하는 사업자

다. 「소득세법」 제127조의 규정에 의하여 원천징수되는 사업소득으로서 「소득세법 시행령」 제137조 제1항에 규정하는 모집수당 또는 판매수당 등만 있는 간편장부대상자인 사업자(소법 §73 ① 4호, 소령 §137 ①)

② 추계소득자

증명서류수취불성실가산세가 적용되지 아니하는 소득금액이 추계되는 자란 「소득세법 시행령」 제143조 제3항에 따라 소득금액이 추계되는 자를 말한다. 다만, 「소득

세법 시행령」 제143조 제4항에 따른 단순경비율 적용대상자 외의 자인 경우에는 같은 조 제3항 제1호에 따른 아래의 가목 및 나목을 제외한 비용에 해당하는 금액에 대하여 소득금액이 추계되는 분만 해당한다(소령 §147 ②).

가. 매입비용(사업용 유형자산 및 무형자산의 매입비용을 제외한다)과 사업용 유형자산 및 무형자산에 대한 임차료로서 증명서류에 의하여 지출하였거나 지출할 금액

나. 종업원의 급여와 임금 및 퇴직급여로서 증명서류에 의하여 지급하였거나 지급할 금액

관련 예규

1. 복식부기의무자가 소득금액을 추계 신고하는 경우, 증명서류수취불성실가산세 및 영수증수취명세서제출·작성불성실가산세 적용대상임(소득 46011-21222, 2000.10.12.)

「소득세법」 제160조 제3항의 규정에 의한 복식부기의무자가 제70조 제4항 제6호의 규정에 의하여 종합소득과세표준확정신고서에 추계소득금액계산서를 첨부하여 종합소득과세표준신고를 하는 경우에도 제81조 제8항 및 제9항(증명서류수취불성실가산세 및 영수증수취명세서제출·작성불성실가산세)의 규정의 적용대상이 되는 것임.

2. 영수증수취명세서제출·작성불성실가산세

(1) 적용대상 개인사업자

개인사업자(소규모사업자 및 소득금액이 추계되는 자는 제외한다)가 다음 각 호의 어느 하나에 해당하는 경우에는 그 제출하지 아니한 분의 지급금액 또는 불분명한 분의 지급금액의 100분의 1을 가산세로 해당 과세기간의 종합소득 결정세액에 더하여 납부하여야 한다(소법 §81 ①, 소령 §147 ③).

① 영수증 수취명세서를 과세표준확정신고기한까지 제출하지 아니한 경우

② 제출한 영수증 수취명세서가 불분명하다고 인정되는 경우로서 제출된 영수증수취명세서에 거래상대방의 번호, 성명, 사업자등록번호(주민등록번호로 갈음하는 경우에는 주민등록번호), 거래일 및 지급금액을 기재하지 않았거나 사실과 다르게 적어 거래사실을 확인할 수 없는 경우

이 경우 가산세는 종합소득산출세액이 없는 경우에도 적용한다(소법 §81 ②). 그러나 법인의 경우에는 영수증수취명세의 작성·제출의무가 없다.

(2) 적용제외 개인사업자

위 '1.'의 증명서류수취불성실가산세가 적용제외되는 개인사업자의 경우와 동일하다.

법인과 개인사업자의 지출내용 모두 수록!

최근까지 발표된 기본통칙, 집행기준 및 질의회신 총망라!

알기쉬운 지출증명 서류

사업자가 사업에 관련하여 자산취득이나
비용지출에 있어서 유형별로 수취해야 할
정규증명서류와 그에 따른 제반 해석에 대하여
계정과목별로 살펴보기로 하자.

제2장 계정과목별 지출증명서류에 관한 세무처리 실무

제1절 자산취득과 지출증명서류

제2절 매출과 매출차감항목

제3절 제조·건설원가 및 판매비와 관리비

제4절 기타비용

제1절 자산취득과 지출증명서류

자산 중 재화나 용역의 거래에 포함되지 아니하는 현금, 예금, 유가증권 등의 금융자산, 매출채권에 해당하는 외상매출금·받을어음·부도어음, 자금의 선지급에 해당되는 선급금·선급비용 등을 제외한 자산에 대하여 자산유형별로 정규증명서류에 대하여 살펴보기로 한다.

1. 유가증권

수표·어음 등의 화폐대용증권과 국·공채 등은 「부가가치세법」상 재화나 용역에 해당되지 아니하므로(부통 4－0－3; 제도 46015－11726, 2001.6.27.) 정규증명서류의 수취대상이 아니다.

따라서 유가증권을 금융기관을 통하여 취득한 경우는 당해 금융기관에서 교부하는 관련증명을, 금융기관 외의 자와의 거래를 통하여 취득한 경우에는 입금표, 영수증 등 어떤 형식의 증명서류라도 수취하면 될 것이다. 그러나 유가증권 중 상품권을 기업업무추진비 용도로 구매하는 경우에는 정규증명서류 중 신용카드매출전표나 현금영수증을 수취해야 할 것이다.

2. 재고자산

(1) 일반적인 경우

상품·원재료·부재료 등의 재고자산을 구입시 당해 물품이 부가가치세과세재화인 경우에는 세금계산서, 면세재화인 경우에는 계산서를 수취하여야 한다.

또한 상품·원재료 등을 수입하는 경우에는 세관장으로부터 수입세금계산서 또는 수입계산서를 수취하여야 한다.

(2) 정규증명서류를 수취하지 않아도 되는 경우

다음의 경우에는 정규증명서류를 수취하지 않아도 된다.

① 읍·면지역에 소재하는 간이과세자㊟로서 신용카드 등이 가맹되지 않은 사업자로부터 재화를 공급받은 경우

㊟ 「소득세법 시행령」 제208조의 2 제1항 제2호는 다음과 같이 규정하고 있어, 「법인세법 시행령」과 다르다.

간이과세자 중 다음 각 목의 어느 하나에 해당하는 자 가. 직전 연도의 공급대가의 합계액(직전 과세기간에 신규로 사업을 시작한 개인사업자의 경우 「부가가치세법 시행령」 제61조 제2항에 따라 환산한 금액)이 4천800만원 미만인 자 나. 신규로 사업을 시작하는 개인사업자로서 「부가가치세법 시행령」 제61조 제4항에 따라 간이과세자로 하는 최초의 과세기간 중에 있는 자

② 농어민(작물재배업, 축산업, 복합농업, 임업, 어업종사자로서 법인은 제외한다)으로부터 재화를 직접 공급받은 경우

③ 「부가가치세법 시행령」 제23조의 규정에 의하여 재화의 공급으로 보지 아니하는 사업의 포괄양도·양수에 의하여 재화를 공급받은 경우

④ 공매·경매 또는 수용에 의하여 재화를 공급받은 경우

⑤ 다음 각 호의 어느 하나에 해당하는 부동산을 취득하는 경우

가. 토지 또는 주택을 구입하는 경우

나. 건물(토지를 함께 공급받은 경우에는 당해 토지를 포함하며, 주택을 제외한다)을 구입하는 경우로서 거래내용이 확인되는 매매계약서사본을 법인세과세표준신고서 또는 소득세과세표준신고서에 첨부하여 납세지관할세무서장에게 제출하는 경우

⑥ 다음 각 호의 어느 하나에 해당하는 거래로서 법인세과세표준 신고시 또는 소득세과세표준 신고시 경비 등의 송금명세서를 첨부하여 납세지관할세무서장에게 제출하는 경우

가. 간이과세자로부터 재활용 폐자원 등을 공급받은 경우

나. 인터넷, PC통신 및 TV홈쇼핑을 통하여 재화를 공급받은 경우

다. 우편송달에 의한 주문판매를 통하여 재화를 공급받은 경우

3. 기타 비유동자산

(1) 보증금

전세권, 전신전화가입권, 임차보증금, 영업보증금 등은 재화나 용역이 아니므로 정규증명서류의 수취대상이 아니다. 다만, 거래사실을 입증하는 임대차계약서 및 입금표·영수증의 기타증명서류를 수취하여야 할 것이다.

(2) 골프회원권·콘도회원권 등

1) 「부가가치세법 기본통칙」의 내용(법통 4-0-6)

① 골프장·테니스장 경영자가 동 장소 이용자로부터 받는 입회금으로서 일정기간 거치 후 반환하지 아니하는 입회금은 과세대상이 된다. 다만, 일정기간 거치 후 반환하는 입회금은 과세대상이 아니다.

② 사업자가 골프장·테니스장 시설이용권을 양도하는 경우에 부가가치세 과세 표준은 골프장·테니스장 시설이용권의 양도가액으로 한다.

2) 판단

위 기본통칙에 있어서 상기 '①'은 골프장 등 운영자가 최초분양시는 과세대상이 아니나 상기 '②'와 같이 회원권을 분양받은 자가 양도할 때는 과세된다는 의미이다.

따라서 골프장운영사업자 또는 콘도운영사업자로부터 최초분양을 받을 경우에는 분양계약서, 입금표 등이 관련증명서류가 될 것이나, 분양권판매 대행업자나 법인·개인사업자로부터 매매에 의하여 취득시는 세금계산서를 수취하여야 한다. 다만, 거래상대방이 사업자가 아닌 개인인 경우에는 매매계약서와 영수증 등을 수취하면 된다.

3) 회계처리

일반기업회계기준에서는 회원권을 구입시 등기 여부에 관계없이 취득부대비용을 포함하여 기타비유동자산으로 회계처리한다(企會基 질의회신 1994.11.1.).

한편 한국채택국제회계기준에 의한 경우에는 다음과 같이 회계처리한다(금융감독원 의견, 2012.1.).

골프회원권의 사용가치 부분은 무형자산으로, 현금 등을 수취할 권리 또는 주주권 부분은 금융자산으로 인식함. ① 일정기간 경과 후 반환이 예정되어 있는 주중회원권은 예탁금의 현재가치를 금융상품으로, 잔여가액을 무형자산으로 분류 ② 골프장 소유권과 이용권이 모두 포함된 주주회원권의 경우 주주권에 대한 대가를 금융자산으로, 잔여가액을 무형자산으로 분류 ③ 일정기간 경과 후 예탁금 반환을 요구할 수 있으나 그 시기와 가능성이 매우 불확실한 예탁금 회원권의 경우 전체를 무형자산으로 구분

4. 유형자산

(1) 일반적인 기준

유형자산의 취득시 취득가액이 건당 3만원 초과하는 경우에는 일반적인 기준에 의하여 정규증명서류를 수취하여야 한다.

한편, 납세의무있는 사업자(리스이용자)가 「여신전문금융업법」 제3조의 규정에 의하여 등록한 시설대여업자로부터 시설 등을 임차하고, 당해 시설 등을 공급자 또는 세관장으로부터 직접 인도받는 경우에는 공급자 또는 세관장이 당해 사업자에게 직접 세금계산서를 발급할 수 있다(부령 §69 ⑧).

다음의 경우에는 정규증명서류 수취의 대상에서 제외된다.

① 「부가가치세법 시행령」 제23조의 규정에 의하여 재화의 공급으로 보지 아니하는 사업의 포괄 양도·양수에 의하여 취득하는 경우
② 공매·경매 또는 수용에 의하여 취득하는 경우
③ 토지 또는 주택을 구입하는 경우
④ 건물(토지를 함께 공급받은 경우에는 당해 토지를 포함하며, 주택을 제외한다)을 구입하는 경우로서 거래내용이 확인되는 매매계약서 사본을 법인세과세표준신고서 또는 소득세과세표준확정신고서에 첨부하여 납세지관할세무서장에게 제출한 경우
⑤ 농·어민(한국표준산업분류상 작물재배업, 축산업, 복합농업, 임업, 어업종사자로서 법인은 제외한다)으로부터 재화·용역을 직접 공급받은 경우

(2) 토지

토지를 구입하는 경우에는 매매계약서나 분양계약서가 작성되고 대금지급영수증을 수취하게 된다. 이 경우 2002.1.1. 이후 최초로 토지를 공급하는 분부터는

계산서의 작성·발급의무가 면제되었으므로(법법 §121 ④) 계산서를 수취하지 아니하고 영수증을 수취하면 된다(소령 §211 ② 4호).

(3) 건물

건물을 법인이나 개인사업자로부터 구입하는 경우에는 세금계산서를 수취해야 하나, 사업자가 아닌 개인으로부터 구입하는 경우에는 입금표나 영수증을 수취하면 된다.

다만, 다음의 경우에는 정규증명서류를 수취하지 아니하여도 된다.

① 「부가가치세법 시행령」 제23조의 규정에 의하여 재화의 공급으로 보지 아니하는 사업의 포괄양도·양수에 의하여 재화를 공급받은 경우

② 공매·경매 또는 수용에 의하여 재화를 공급받은 경우

③ 토지 또는 주택을 구입하는 경우

④ 건물(토지를 함께 공급받은 경우에는 당해 토지를 포함하며, 주택을 제외한다)을 구입하는 경우로서 거래내용이 확인되는 매매계약서사본을 법인세과세표준신고서 또는 소득세과세표준확정신고서에 첨부하여 납세지관할세무서장에게 제출하는 경우

(4) 차량운반구

차량운반구의 취득에 관련된 정규증명서류는 다음과 같다.

① 신차량을 구입시에는 자동차제조·판매회사로부터 세금계산서 수취

② 법인 또는 개인사업자로부터 구입시는 세금계산서 수취

③ 사업자가 아닌 개인으로부터 구입시 영수증·입금표 등 수취

(5) 기타 유형자산

기계장치, 공기구비품, 선박 등은 위 '(3)' 건물의 규정에 준하여 정규증명서류를 수취하면 된다.

(6) 건설중인자산

사업용고정자산을 건설·제작·구입하는 경우에는 관련계약서와 제작형태에 따라 다음과 같은 지출증명서류를 수취하면 될 것이다.

① 자체제작의 경우에는 재료비, 경비에 대한 정규증명서류와 노무비에 대한 원천징수

② 외주제작의 경우에는 대가의 각 부분을 지급하기로 한 때마다 세금계산서 수취

5. 무형자산

(1) 영업권 등 무체재산권

무형자산 중 영업권, 특허권, 실용신안권, 디자인권, 상표권, 건설업면허 등의 무체재산권은 재화에 해당하므로 거래상대방이 법인이거나 개인사업자인 경우 세금계산서를 수취하여야 한다.

다만, 개인사업자가 광업권, 어업권, 산업재산권, 산업정보, 산업상 비밀, 상표권, 영업권, 토사석의 채취허가에 따른 권리, 지하수의 개발·이용권 그밖에 이와 유사한 자산이나 권리를 공급받는 경우에는 소득세과세표준확정신고서에 송금사실을 기재한 경비 등의 송금명세서를 첨부하여 납세지관할세무서장에게 제출하는 경우에는 정규증명서류를 수취하지 아니하여도 된다(소칙 §95의 3 9호).

(2) 특허권·실용신안권·상표권·디자인권 등의 등록

① 특허권

특정발명이 「특허법」에 의하여 등록되어 20년간 독점적·배타적으로 이용할 수 있는 권리이다. 특허권등록비, 변리사수수료 등이 특허권의 취득원가이다.

특정발명에 소요된 금액과 변리사수수료는 정규증명서류를 수취하면 되고 특허권등록비는 세금과공과로서 관련 영수증을 구비하면 될 것이다.

② 실용신안권, 상표권, 디자인권

특정고안, 특정상표 및 특정디자인이 실용신안권, 「상표법」 및 「디자인보호법」에 의하여 등록된 권리를 말한다. 동 권리들도 위 특허권에 준하는 증명서류를 수취하면 될 것이다.

(3) 개발비

내부적으로 창출된 무형자산으로 기업회계기준의 자산인식요건을 충족하는 경우에 개발비로서 자산처리한다.

개발비의 원가를 구성하는 연구요원의 인건비는 정규증명서류가 필요없으나 기타지출액은 정규증명서류를 수취해야 한다.

제2절 매출과 매출차감항목

1. 매　출

재화나 용역을 공급하는 경우에는 세금계산서나 계산서를 작성·발급하여야 한다. 다만, 개인사업자 중 간이과세자(신규사업자와 직전연도의 공급대가가 4,800만원 미만인 사업자에 한정됨)와 소매·음식·숙박·여객운송업 등 「부가가치세법 시행령」 제73조에 규정하는 사업을 영위하는 일반과세사업자는 영수증(신용카드매출전표, 현금영수증 등 포함)을 발급하여야 한다.

2. 매출차감항목

(1) 매출에누리와 지출증명서류

매출에누리에 대하여 「법인세법」에는 규정이 없으나 「소득세법 시행규칙」 제22조 제1항에는 그 범위를 다음과 같이 규정하고 있다.

① 물품의 판매에 있어서 그 품질·수량 및 인도·판매대금결제 기타 거래조건에 따라 그 물품의 판매당시에 통상의 매출가액에서 일정액을 직접 공제하는 금액

이 경우에는 매출당시 매출액에서 차감되어 세금계산서 또는 계산서가 발급된다.

② 매출한 상품 또는 제품에 대한 부분적인 감량·변질·파손 등으로 매출가액에서 직접 공제하는 금액

이 경우 매출당시 세금계산서 또는 계산서가 발급된 경우에는 수정(△)의 세금계산서 또는 계산서를 작성·발급하여야 한다.

회계처리 사례

1) 판매당시 매출가액의 일정액을 공제하는 경우

갑제품(개당 판매가 200,000원)을 12개 판매하면서 10개 대금만 받기로 한 경우

① 판매법인의 경우

(차)	외상매출금	2,200,000	(대) 매　　　출	2,000,000
			부가가치세예수금	200,000

② 구매법인의 경우

(차)	매입㈜(원재료, 상품 등)	2,000,000	(대) 외상매입금	2,200,000
	부가가치세대급금	200,000		

㈜ 구매법인의 구매내용에 따라 적절한 계정과목으로 회계처리한다.

2) 매출 후 부분적인 감량·변질·파손 등으로 매출가액에서 공제하는 경우

① 판매법인의 경우(수치는 가정치임)

(차)	외상매출금	△440,000	(대) 매　　　출	△400,000
			부가가치세예수금	△40,000

② 구매법인의 경우(수치는 가정치임)

(차)	매입(원재료, 상품 등)	△400,000	(대) 외상매입금	△440,000
	부가가치세대급금	△40,000		

(2) 매출환입

매출환입은 상품 등의 품질차이, 파손, 계약의 취소 등의 이유로 매출처로부터 반송되어 온 것을 말한다.

매출환입은 수정(△)의 세금계산서 또는 계산서를 작성발급하여야 한다.

회계처리 사례

을제품(개당 판매가 1,000,000원) 판매수량 중 5개가 반품된 경우

① 판매법인의 경우

(차) 외상매출금	△5,500,000	(대) 매　　　출	△5,000,000
		부가가치세예수금	△500,000

② 구매법인의 경우

(차) 매입(원재료, 상품 등)	△5,000,000	(대) 외상매입금	△5,500,000
부가가치세대급금	△500,000		

(3) 매출할인

매출할인이라 함은 외상거래대금을 결제하거나 외상매출금 또는 미수금을 그 약정기일 전에 영수하는 경우 일정액을 할인하는 금액(소칙 §22 ②)으로 매출액에서 차감된다.

매출할인도 부가가치세 과세표준에 포함되지 아니하므로(부법 §29 ⑤ 6호) 매출할인이 발생시 수정(△)의 세금계산서 또는 계산서를 작성발급하여야 한다.

회계처리 사례

•거래내역

－판매금액 : 100,000,000원(부가가치세 별도)

－매출할인금액 : 1,000,000원(부가가치세 포함 금액)

1) 판매법인의 경우

① 판매시

(차) 외상매출금	110,000,000	(대) 매　　　출	100,000,000
		부가가치세예수금	10,000,000

② 대금회수시

(차) 보통예금 109,000,000 (대) 외 상 매 출 금 110,000,000
매출할인 909,090㈜ 부가가치세예수금 △90,910

㈜ 매출할인이 발생할 때마다 매출액에서 상계처리하지 아니하고 사업연도 도중에는 매출할인이라는 임시계정을 사용하였다가 결산시 누적된 매출할인금액을 매출액과 상계처리하면 효율적이다.

2) 구매법인의 경우

① 구매시

가. 자산구입의 경우

(차) 원재료㈜(상품, 자산) 100,000,000 (대) 외상매입금(미지급금) 110,000,000
부가가치세대급금 10,000,000

㈜ 구매기업이 구매하는 자산의 성격에 따라 계정과목이 결정될 것이다.

나. 비용인 경우

(차) ××비용 100,000,000 (대) 외상매입금(미지급비용)110,000,000
부가가치세대급금 10,000,000

② 대금지급시

가. 자산구입의 경우

(차) 외상매입금(미지급금) 110,000,000 (대) 보통예금 109,000,000
부가가치세대급금 △90,910 매입할인㈜2 909,090
(자산㈜1 △909,090)

㈜1. 재고자산 이외의 자산을 구매하는 경우에는 매입할인계정을 사용하지 않고 해당 자산에서 직접 차감하면 될 것이다.

㈜2. 매입할인이 계속적으로 발생하는 재고자산의 경우에는 사업연도 도중에는 매입할인이라는 임시계정을 사용하였다가 결산시 누적된 금액을 매입액과 상계하거나 매입액에 차감하는 타계정대체로 처리하면 될 것이다. 아울러 재고자산수불부에도 이를 반영해야 할 것이다.

매입할인을 재무제표 등의 양식으로 표시하면 다음과 같다.

㉮ 제조업, 건설업 등의 경우

제조(공사)원가명세서

과 목	금 액	
Ⅰ. 재료비		×××
1. 기초재료 재고액	×××	
2. 당기재료 매입액	×××	
3. 타계정 대체액	(×××)	
4. 기말재료 재고액	(×××)	
Ⅱ. 노무비		×××
⋮		
Ⅲ. 경 비		×××
⋮		

㉯ 도·소매업의 경우

손익계산서

과 목	금 액	
Ⅰ. 매출액		×××
Ⅱ. 매출원가		×××
1. 기초상품 재고액	×××	
2. 당기상품 매입액	×××	
3. 타계정 대체액	(×××)	
4. 기말상품 재고액	(×××)	
Ⅲ. 매출총이익		×××

나. 비용인 경우

(차) 외상매입금(미지급금)	110,000,000	(대) 보통예금	109,000,000
부가가치세대급금	△90,910		
× × 비 용	△909,090		

(4) 판매장려금

판매장려금은 거래수량 또는 거래금액에 따라 일정기준을 정하여 거래상대방에게 지급하는 금품의 가액을 말한다.

판매장려금 및 판매수당의 경우 사전약정이 없는 경우에도 손금으로 인정된다(법령 §19 1호의 2, 2009.2.4. 신설).

금전으로 지급하는 판매장려금은 당초의 부가가치세 과세표준에서 차감하지 아니하며, 현물로 지급하는 판매장려금은 「부가가치세법」상 사업상증여에 해당되어 과세대상에 해당되나(부법 §10 ⑤), 세금계산서는 작성발급하지 아니하므로 정규증명서류의 수취의무는 없다.

관련 예규

1. 판매장려금의 지출증명서류 수취 여부(법인 46012-3975, 1999.11.13.)

법인이 거래처와 사전약정에 의하여 판매실적 등에 따라 지급하는 판매장려금은 재화 또는 용역을 공급받고 그 대가를 지급받은 것이 아니므로 「법인세법」 제116조의 규정에 의한 지출증명서류수취대상에 해당하지 아니함. ㉳

회계처리 사례

• 거래내역

사전약정에 의하여 동일조건에 해당하는 거래처에 사회통념과 상관행에 비추어 일정 장려금을 지급함.

1) 금전으로 지급시(수치는 가정치임)

① 판매법인의 경우

(차) 판매장려금㈜	5,000,000	(대) 보통예금	5,000,000

㈜ 판매장려금이 발생할 때마다 매출액에서 상계처리하지 아니하고 사업연도 도중에는 판매장려금이라는 임시계정을 사용하였다가 결산시 누적된 금액을 매출액과 상계처리하면 효율적이다.

② 구매법인의 경우

(차) 보통예금	5,000,000	(대) 수입장려금[주]	5,000,000

[주] 계속적으로 발생하는 재고자산의 경우에는 사업연도 도중에는 수입장려금(또는 매입장려금)이라는 임시계정을 사용하였다가 결산시 누적된 수입장려금 금액을 매입액과 상계하거나 매입액에 차감하는 타계정대체로 처리하면 될 것이다. 아울러 재고자산 수불부에도 이를 반영하여야 할 것이다. 제조(건설)원가명세서와 손익계산서의 표시는 매입할인의 경우와 동일하다.

2) 제품(또는 상품)으로 지급시

제조(구입)원가 : 5,000,000원, 출고(세금계산서)가액 : 8,000,000원으로 가정함.

① 판매법인의 경우

(차) 판매장려금	5,000,000	(대) 제 품(상품)	5,000,000
세금과공과	800,000[주]	부가가치세예수금	800,000

[주] 8,000,000원(세금계산서가액)×10% = 800,000원

② 구매법인의 경우

(차) 원재료(상품)	8,000,000	(대) 수입장려금[주]	8,000,000

[주] 구매법인은 세금계산서 가액으로 수령하게 되며 부가가치세는 발생되지 아니한다.

(5) 마일리지등에 대한 부가가치세법의 규정

자기적립마일리지등과 제3자 적립 마일리지등의 공급가액은 다음과 같다(부령 §61 ①, ② 9·10호).

1) 재화 또는 용역의 구입실적에 따라 마일리지, 포인트 또는 그밖에 이와 유사한 형태로 별도의 대가 없이 적립받은 후 다른 재화 또는 용역 구입 시 결제수단으로 사용할 수 있는 것과 재화 또는 용역의 구입실적에 따라 별도의 대가 없이 교부받으며 전산시스템 등을 통하여 그밖의 상품권과 구분 관리되는 상품권(이하 "마일리지등"이라 한다)으로 대금의 전부 또는 일부를 결제받은 경우(아래 '2)'에 해당하는 경우는 제외한다) : 다음 각 목의 금액을 합한 금액을 공급가액으로 한다.

① 마일리지등 외의 수단으로 결제받은 금액

② 자기적립마일리지등[당초 재화 또는 용역을 공급하고 마일리지등을 적립(다른 사업자를 통하여 적립하여 준 경우를 포함한다)하여 준 사업자에게 사용한 마일리지등(여러 사업자가 적립하여 줄 수 있거나 여러 사업자를 대상으로 사용할 수 있는 마일리지등의 경우 다음의 요건을 모두 충족한 경우로 한정한다)을 말한다. 이하 같다] 외의 마일리지등으로 결제받은 부분에 대하여 재화 또는 용역을 공급받는 자 외의 자로부터 보전(補塡)받았거나 보전받을 금액

가. 고객별·사업자별로 마일리지등의 적립 및 사용 실적을 구분하여 관리하는 등의 방법으로 당초 공급자와 이후 공급자가 같다는 사실이 확인될 것

나. 사업자가 마일리지등으로 결제받은 부분에 대하여 재화 또는 용역을 공급받는 자 외의 자로부터 보전받지 아니할 것

2) 자기적립마일리지등 외의 마일리지등으로 대금의 전부 또는 일부를 결제받은 경우로서 다음 각 목의 어느 하나에 해당하는 경우 : 공급한 재화 또는 용역의 시가를 공급가액으로 한다.

① 위 '1)'의 ②에 따른 금액을 보전받지 아니하고 「부가가치세법」 제10조 제1항에 따른 자기생산 · 취득재화를 공급한 경우

② 위 '1)'의 ②와 관련하여 특수관계인으로부터 부당하게 낮은 금액을 보전받거나 아무런 금액을 받지 아니하여 조세의 부담을 부당하게 감소시킬 것으로 인정되는 경우

제3절 제조 · 건설원가 및 판매비와관리비

1. 인건비

(1) 임원보수, 급료와 임금, 상여금, 제수당 및 퇴직급여

임직원에게 지급하는 급료와 임금 등은 「소득세법」의 규정에 의하여 소득세가 원천징수되며, 정규증명서류의 수취대상이 아니다.

예컨대 임직원이 지급하여야 할 물품구입대금을 법인이 대납하고 이를 급여로 보아 원천징수를 하는 경우 당해 지급액은 정규증명수취대상에 해당하지 않아 대금지급영수증을 수취할 수 있다(서면2팀-2179, 2005.12.28.).

(2) 잡급

일용근로자에 대한 급여는 근로소득세가 다음과 같이 원천징수되며(소법 §59 ③, §47 ②, §129 ① 4호 단서, §134 ③) 정규증명서류의 수취대상이 아니다(소득 46011-438, 1999.12.4.; 법인 46012-296, 1999.1.23.).

> 원천징수세액=(일당-일 150,000원)×6%×(1-0.55)

이 경우 원천징수세액이 1,000원 미만인 경우에는 당해 소득세를 징수하지 아니한다(소법 §86 1호).

참고 **일용근로소득에 대한 지급명세서의 제출**

「소득세법 시행령」 제20조의 일용근로소득을 지급하는 자(개인 또는 법인)는 그 지급일이 속하는 달의 다음달 말일(휴업, 폐업 또는 해산한 경우에는 휴업일, 폐업일 또는 해산일이 속하는 달의 다음달 말일)까지 지급명세서를 제출하여야 한다(소법 §164 ① 단서).

(3) 기밀비 · 판공비

기밀비(판공비 포함)·교재비 기타 이와 유사한 명목으로 받는 것으로서 업무를 위하여 사용된 것이 분명하지 아니한 급여는 「소득세법」 제20조 및 같은 법 시행령 제38조 제1항 제1호의 규정에 의하여 근로소득에 해당하므로 원천징수의 대상이 되며(제도 46011－11905, 2001.7.6.), 정규증명서류의 수취대상이 아니다.

(4) 퇴직급여충당부채전입액

자금의 지출이 수반되지 아니하는 결산정리사항으로서 정규증명서류수취와는 무관하다.

(5) 자가운전보조금

임직원의 소유차량을 임직원이 직접 운전하여 법인의 업무수행에 이용하고 시내출장 등에 소요된 제여비를 지급받는 대신에 그 소요경비를 법인의 규정 등에 의하여 정하여진 지급기준에 따라 지급받는 금액 중 월 20만원 이내의 금액은 자가운전보조금으로 근로소득세를 과세하지 아니한다. 이러한 자가운전보조금은 인건비로 회계처리하든 복리후생비, 여비교통비 또는 차량유지비 등 어떠한 계정과목으로 처리하든지 정규증명서류의 수취대상이 아니다.

만일 월 20만원 초과 지급시에는 20만원을 초과한 금액을 근로소득에 합산하여 원천징수하면 된다.

(6) 사용인의 의료비 지원액

법인이 근로계약조건 및 사규 등에 의하여 사용인이 지출한 의료비·학자금·문화생활비 등 급여성격의 비용을 당해 거래상대방에게 직접 지출하지 않고 사용인으로부터 그 증명서류를 제출받아 이를 정산하여 사용인에게 지급하는 경우에는 정규증명서류의 수취 및 보관규정이 적용되지 아니한다(법인 46012-1913, 2000.9.15.). 아울러 동 금액은 「소득세법」상 근로소득에 해당하므로 소득세를 원천징수하여야 한다.

2. 복리후생비

(1) 인건비와 복리후생비의 구분

인건비와 복리후생비는 그 성격상 다음과 같이 구분된다.

구 분	인건비	복리후생비
의 의	•근로에 대한 대가 •노동력의 유지를 위한 직접비용	•복리후생을 위한 지출 •노동력의 유지·회복을 위한 생산성 향상목적
소득세과세 여부	근로소득세 과세 (비과세소득 제외)	원천적으로 비과세

(2) 식대

① 식대보조금

식사 기타 음식물을 제공받지 아니하는 근로자가 받는 월 20만원 이하의 식대보조금은 비과세 근로소득(소령 §17의 2 2호)에 해당하며 정규증명서류의 수취대상이 아니다.

만일 20만원을 초과지급한 경우에는 20만원 초과금액은 근로소득에 포함되며 근로소득세를 원천징수하면 되므로 역시 정규증명서류의 수취대상이 아니다.

근로자가 사내급식 또는 이와 유사한 방법(식권 등)으로 제공받는 식사 기타 음식물은 금액의 제한없이 비과세 근로소득이나, 지출의 상대방이 음식업자 등이므로 지출건당 3만원 초과인 경우에는 정규증명서류를 수취하여야 한다.

② 건당 거래금액의 판단

법인이 사업자로부터 건당 거래금액 3만원을 초과하는 재화 또는 용역을 제공받고 그 대가를 지급하는 경우에는「법인세법」제116조 및 같은 법 시행령 제158조에 따라 세금계산서, 계산서, 신용카드매출전표, 현금영수증(이하 "세금계산서 등") 중 하나를 증명서류로 수취하여야 하는 것이며, 운수업을 영위하는 법인이 식사 용역을 제공받고 거래상대방으로부터 세금계산서 등이 아닌 영수증을 교부받은 경우에는 종전「부가가치세법」제32조에 따라 용역을 공급받을 때마다 영수증을 교부받아야 하는 것이므로 그 용역의 대가를 월 단위로 합산하여 정산하더라도 교부받은 영수증상의 거래 금액을 기준으로 종전「법인세법」제76조 제5항의 가산세(증명서류수취불성실가산세) 적용 여부를 판단한다(법규법인 2012-393, 2012.11.1.).

따라서 종업원 식대 등을 월단위로 합산하여 지급하는 경우에도 매 식사 때마다 영수증을 수취하면 각각의 영수증 금액을 기준으로 3만원 이하인 경우 가산세는 적용되지 아니할 것이다.

(3) 법정복리후생비

국민연금·건강보험료·고용보험료·산재보험료의 사용자부담금은 재화나 용역의 공급대가가 아니므로 정규증명서류의 수취대상이 아니다. 당해 국민연금 등의 납부영수증과 내역서를 증명서류로 보관하면 된다.

(4) 선물대

창립기념일, 명절, 생일 기타 이와 유사한 때에 임직원에게 지급하는 선물용품은 근로소득에 해당되므로 근로소득으로 과세하는 경우에는 정규증명서류의 수취가 필요없다.

선물을 상품권이나 농·축·수·임산물로 지급하는 것은 부가가치세가 과세되지 아니하나 부가가치세가 과세되는 재화로 지급하는 것은 「부가가치세법」 제10조 제4항의 개인적 공급에 해당되므로 부가가치세가 과세된다. 이 경우 부가가치세 과세표준은 시가(부법 §29 ③ 4호)이며 세금계산서는 작성·발급하지 아니한다(부령 §71 ① 3호).

그러나 법인 또는 개인사업자가 실비변상적이거나 복리후생적인 목적으로 그 사용인에게 대가를 받지 아니하거나 시가보다 낮은 대가를 받고 제공하는 것으로서 대통령령으로 정하는 경우는 재화의 공급으로 보지 아니한다(부법 §10 ④ 후단).

위에서 "대통령령으로 정하는 경우"란 다음 각 호의 어느 하나에 해당하는 경우를 말한다. 이 경우 시가보다 낮은 대가를 받고 제공하는 것은 시가와 받은 대가의 차액에 한정한다(부령 §19의 2).

① 사업을 위해 착용하는 작업복, 작업모 및 작업화를 제공하는 경우

② 직장 연예 및 직장 문화와 관련된 재화를 제공하는 경우

③ 다음 각 목의 어느 하나에 해당하는 재화를 제공하는 경우. 이 경우 각 목별로 각각 사용인 1명당 연간 10만원을 한도로 하며, 10만원을 초과하는 경우 해당 초과액에 대해서는 재화의 공급으로 본다.

가. 경조사와 관련된 재화

나. 설날·추석과 관련된 재화(2024.11.12. 신설)

다. 창립기념일 및 생일 등과 관련된 재화(2024.11.12. 신설)

선물대 등을 인터넷, PC통신 및 TV홈쇼핑이나 우편송달에 의한 주문판매에 의하여 구입시 정규증명서류를 수취하지 못한 경우에는 온라인으로 송금한 경비 등의 송금명세서를 법인세과세표준신고시 제출하면 된다.

관련 예규

1. **생일축하금의 비과세 여부**(법인 46013-92, 1993.1.13.)

   종업원이 지급받는 생일축하금은 과세되는 근로소득의 범위에 포함되는 것임.

2. **명절 등 특정한 날에 지급받는 선물의 근로소득 포함 여부**(법인 46013-1378, 1993.5.14.)

   근로자가 회사로부터 설날 등 특정한 날에 지급받는 선물은 과세되는 근로소득의 범위에 포함되는 것임(同旨 법인 46013-1358, 1999.4.13.).

3. **재직 중의 공로로 받는 연금에 대한 소득구분**(재경원 소득 46074-40, 1995.3.21.)

   근로자가 재직 중의 특별한 공로로 회사의 공로연금규정에 따라 받는 공로금은 근로소득에 해당되는 것임. 끝

사례 : 종업원에 대한 선물의 세무회계처리(연간 10만원을 넘는 경우)

1. 매입시 부가가치세매입세액을 공제받는 경우

   ① 선물 구입 후 임직원에게 지급시의 회계처리

(차) 급 여	10,000	(대) 미지급금(또는 보통예금)	11,000
부가가치세 대급금	1,000		

   ② 부가가치세매출세액의 인식

(차) 급여	1,000	(대) 부가가치세 예수금	1,000[주]

   [주] 동 부가가치세는 예정신고 또는 확정신고시 다른 매출세액과 함께 납부하면 된다.

2. 매입시 부가가치세 매입세액을 공제받지 않는 경우

   -선물구입 후 임직원에게 지급시의 회계처리

(차) 급여 11,000 (대) 미지급금(또는 보통예금) 11,000

개인적 공급의 경우 취득시 매입세액이 공제되지 아니한 경우 재화의 간주공급으로 보지 아니하고 부가가치세 과세되지 아니한다(부가세 집행기준 10-0-1).

(5) 의료비 등

임직원이 회사업무와 관련된 사고시 회사가 부담하는 의료비나 임직원의 정기적인 건강진단료 등은 지출의 상대방이 법인인 병·의원이면 계산서를 수취하고 개인의원인 경우에는 계산서 수취 여부와 관계없이 지급액의 3%에 상당하는 소득세를 원천징수하여야 한다.

이 경우 원천징수대상 개인사업소득자로부터 용역을 제공받고 그 대가를 지급하는 경우에는 사업소득세를 원천징수하고 원천징수영수증을 발급하여야 하며, 용역의 공급자가 원천징수영수증을 발급받은 경우에는 계산서를 발급한 것으로 본다(소령 §211 ⑤).

(6) 경조사비

임직원의 경조사비는 회사의 내부규정에 의한 지출액이면 지출결의서 등으로 족하며 정규증명서류의 수취대상이 아니다(법인 46012-296, 1999.1.23.).

(7) 피복비

임직원의 작업복, 작업모, 작업화 구입대와 직원의 유니폼 또는 체육복 구입대금은 그 지출의 상대방이 사업자이므로 정규증명서류를 수취하여야 한다. 이 경우 세금계산서를 수취하는 경우 매입세액은 공제받을 수 있다.

(수치는 가정치임)

(차) 복리후생비	5,000	(대) 미지급금(또는 현금)	5,500
부가가치세 대급금	500		

(8) 각종 동호회 활동비

사내 각종 동호회(등반모임, 낚시모임, 바둑모임 등)에게 지급하는 활동비 보조금은 복리후생비로서 손금인정되나 지출의 최종상대방인 사업자로부터 정규증명서류를 수취하여야 할 것으로 판단된다. 따라서 동호회 회장 등으로부터 수령확인만 받아두는 경우에는 당해 회장 등의 근로소득으로 과세될 수 있을 것이다.

(9) 각종 시상금

① 업무와 관련된 상금

회사업무와 관련하여 지급하는 시상금은 회계처리 계정과목에 불구하고 동임직원의 근로소득에 해당하므로(법인 46013-1150, 1995.4.26. 외 다수) 근로소득세를 원천징수하면 별도의 정규증명서류가 필요없다.

② 업무와 관련없는 시상금

회사업무와 관련없는 시상금은 「소득세법」상 기타소득에 해당하므로 지급액의 20%에 해당하는 소득세를 원천징수하면 되므로, 원천징수시 별도의 정규증명서류가 필요없다. 다만, 다음의 상금은 소득세가 비과세된다(소령 §18 ① 8호·9호).

㉮ 「품질경영 및 공산품안전관리법」에 의하여 품질명장으로 선정된 자(분임을 포함한다)가 받는 상금과 부상

㈏ 직장새마을운동·산업재해예방운동 등 정부시책의 추진실적에 따라 중앙행정기관장 이상의 표창을 받은 종업원이나 관계 중앙행정기관의 장이 인정하는 국내외 기능경기대회에 입상한 종업원이 그 표창 또는 입상과 관련하여 사용자로부터 받는 상금 중 1인당 15만원 이내의 금액

(10) 영업활동비

영업사원에게 지급하는 영업활동비는 자가운전보조금을 제외하고는 근로소득에 해당되므로 근로소득세를 원천징수하면 될 것이고, 이 경우 정규증명서류는 필요없다.

(11) 사내행사비

직장연예비, 체육대회 행사비, 산행대회 행사비 기타 회사가 주관하는 행사비는 그 거래의 상대방이 사업자이므로 정규증명서류를 수취하여야 한다(제도 46012－12695, 2001.8.14.). 이 경우 국세청장이 고시한 전산발매통합관리시스템에 가입한 사업자로부터 입장권, 승차권, 승선권을 구입한 경우에는 정규증명서류를 수취하지 아니하여도 된다.

(12) 학자금보조액

임직원 또는 그 자녀의 학자금보조액은 근로소득세가 과세되므로 정규증명서류의 수취대상이 아니다. 물론 연말정산시 당해 학자금 중 세법상 요건이 충족되는 금액은 교육비세액공제를 받을 수 있다.

3. 여비교통비

(1) 시내교통비

임직원의 시내 및 당일 인근지역 출장에 따른 교통비로서 목적지와 업무내용이 기재된 지출결의서와 함께 다음과 같은 증명서류 등을 수취하면 된다.

① 시내버스, 택시 : 정규증명서류 수취의무 없음

② 시외버스, 고속버스 : 승차권 등 수취

* 직원들의 교통비지원목적으로 선불교통카드 충전을 위하여 지출한 금액은 정규증명서류의 수취 및 보관대상에서 제외된다(법인세과-528, 2009.5.4.).

(2) 렌트카비용

렌트카업은 여객운송업으로 영수증 발급대상업종(부령 §73 ① 5호)이나, 자동차를 대여받는 자가 사업자등록증을 제시하고 세금계산서의 발급를 요구하는 때에는 세금계산서를 발급하여야 하므로(부가 46015-2126, 2000.9.1.) 세금계산서를 수취할 수 있다.

(3) 국내출장비

① 지급관행

국내출장비는 통상 숙박비, 교통비, 식대, 잡비 등으로 구성되며 회사의 출장비 규정에 따라 정액으로 지급되고 일반적으로 지출결의서 등의 출장비 수령인만 받아두는 것이 실무적으로 많다.

② 유권해석-실비정산을 원칙으로 함

법인이 업무와 관련하여 출장하는 사용인에게 지급한 교통비, 숙박비, 식대 등이 당해 법인의 여비지급규정 및 객관적인 거래증명서류에 의하여 법인에게 귀속시키는 것이 정당함이 입증된 경우에는 소득금액계산상 손금에 산입하는 것이나, 이 경우 당해 사용인이 지출한 경비 중 사업자로부터 거래건당 3만원 초과하는 재화 또는 용역을 공급받고 그 대가를 지급한 금액에 대하여 「법인세법」 제116조 제2항 각 호의 정규증명서류를 수취하지 아니한 경우에는 종전 같은 법 제76조 제5항의 증명서류수취불성실가산세가 적용된다(법인 46012-1366, 2000.6.15.; 제도 46013-10044, 2001.3.1.). 그러나 정액으로 지급되는 일비는 정규증명서류의 대상이 아니다(법인 46012-296, 1999.1.23.).

이 경우 교통비는 다음의 증명서류를 비치하면 될 것이다.

가. 시외버스·고속버스·기차 : 승차권

나. 항공기 : 항공권(여행사를 통하여 구입시는 여행사의 영수증)

관련 예규

1. 국내여행경비에 대한 지출증명서류(법인 46012-2268, 2000.11.16.)

[사실]

회사 업무상 유공팀에 대한 사기 진작을 위하여 제주도 특별여행을 보내주기로 하고 여행사(법인사업자)와 계약을 맺었음.

• 계약금액 내역

여행사 수수료 : 214,500원(공급가액 195,000원, 부가가치세 19,500원 세금계산서 수취)

여행실비 : 2,945,950원(현지 숙박비, 식대, 왕복항공료, 관광시설 입장료 등 포함)

계 3,160,450원

• 지급방법

계약금 : 300,000원(계약시 현금 직접지급)

잔 금 : 2,860,450원(온라인 송금)

[질의]

위에서 여행사 수수료에 대하여는 세금계산서를 수취하였으나 '여행실비'에 대하여는 입금표와 무통장입금증 이외의 다른 증명서류는 없음(전체 금액에 대하여 세금계산서를 요구하였으나 거절당하였음).

위에서 입금표 및 무통장입금증상의 지급액에 대하여「법인세법」제76조 제5항의 증명서류수취불성실가산세가 적용되는지 여부와 만약 위 무통장입금증만으로는 가산세가 적용된다면 어떠한 증명서류를 갖추어야 정당한 지출증명서류로서 손금인정을 받을 수 있으며 또 가산세 적용을 받지 않을 수 있는지 질의함.

[회신]

법인이 여행사에게 여행알선용역의 대가를 지급함에 있어서 당해 용역의 대가에 해당하는 수수료 외에 교통비, 숙박비, 입장료 등 여행경비를 함께 지급한 후 동 여행경비를 여행사로 하여금 대신 지급하도록 한 경우 그 위탁 지급한 여행경비에 대하여도「법인세법 시행령」제158조 제2항 각 호에 규정한 경우를 제외하고는 당해 법인이 실제 용역을 제공한 자로부터 같은 법 제116조 제2항 각 호의 지출증명서류를 수취하여야 하는 것으로 이를 수취하지 아니한 경우에는「법인세법」제76조 제5항의 규정에 의한 가산세를 납부하여야 하는 것이나, 이 경우에도 입장권 등 다른 객관적인 자료에 의하여 당해 법인의 사업과 관련하여 지출된 사실이 확인되는 경우에는 이를 각 사업연도의 소득금액계산시 손금에 산입함.

2. 사용인에게 지급하는 출장비에 증명서류수취불성실가산세적용 여부

(제도 46013-10044, 2001.3.13.)

[질의]

당사는 지질조사하는 업체임.

지질조사출장시 거의 모든 소재지가 군, 면, 읍이어서 증명서류도 거의 없음. 그래서 회사의 출장여비규정표(정관상)에 의해 지급하고 있는데, 회계상 처리시 실비에 대해서만 인정해 준다는데, 당사는 실비영수증이 거의 없는바, 매출자료가 발생된 건에 대한 타당한 출장지급의 경비인정 여부를 질의함.

[회신]

법인이 업무와 관련하여 출장하는 사용인에게 지급한 교통비·숙박비·식대 등이 당해 법인의 지급규정 및 객관적인 증명서류에 의하여 법인에게 귀속시키는 것이 정당함이 입증되는 경우에는 이를 소득금액계산상 손금에 산입하는 것이나, 이 경우 당해 사용인이 지출한 경비 중 사업자로부터 거래건당 3만원을 초과하는 재화 또는 용역을 공급받고 그 대가를 지급한 금액에 대하여 신용카드매출전표·세금계산서·계산서 중 하나를 지출증명서류로 수취하지 아니한 경우에는「법인세법」제76조 제5항의 규정에 따라 증명서류수취불성실가산세가 적용되는 것임.

3. **여비교통비의 지출증명서류**(법인세과－1088, 2009.9.30.)

[질의]

－질의법인은 사용인의 시외출장시 출장목적, 출장계획 등을 사전에 승인하고 여비지급 기준에 의해 지급하며, 출장완료 후 정산함.

－여비지급기준은 숙박비 40,000원을 정액 지급 후 초과 숙박비와 교통비는 적격증명서류를 갖춘 경우 실비처리하고 있으며, 기타 여비는 직급별로 20,000원~25,000원을 지급

숙박비 및 교통비, 기타여비 등을 실비변상적인 급여로 보아 사회통념상 인정되는 금액을 지급하고 결재를 받은 출장관련 서식을 첨부하는 경우 별도의 증명서류를 수취하지 않아도 되는지 여부

[회신]

법인의 사용인이 업무를 수행함에 있어 「법인세법 시행령」 제158조 제1항 각 호의 사업자로부터 재화 또는 용역을 공급받고 그 대가를 지급하는 경우에는 같은 조 제2항에서 정하는 경우를 제외하고는 같은 법 제116조 제2항 각 호의 어느 하나에 해당하는 증명서류를 수취하여 보관 하여야 하는 것으로, 이를 수취하지 아니한 경우 같은 법 제76조 제5항의 규정에 의한 가산세를 법인세로 징수하는 것임. ㊞

(4) 해외출장비

해외출장비도 항공요금을 제외하고는 회사의 출장비규정에 따라 정액으로 지급되는 것이 실무적인 관행이다. 항공요금은 정규증명서류의 수취대상이 아니며(법칙 §79 9의 3호), 사용인이 업무와 관련한 해외출장시 국외에서 재화 또는 용역을 공급받는 경우에도 세금계산서 등 정규증명서류서류수취대상에서 제외된다(법인 46012－1366, 2000.6.15.). 따라서 해외출장비는 정규증명서류의 수취대상이 아니므로 회사의 관리목적상 다음의 증명서류를 수취하면 될 것이다.

가. 항공료 : 특례대상이므로 정규증명서류 수취의무는 없으나 항공권이나 영수증을 비치한다.

나. 현지 숙박비·식대 : 국외거래로 정규증명서류 수취의무는 없으나 현지 호텔이나 음식점 등의 영수증을 보관한다.

다. 여행사 수수료 : 국내여행사인 경우는 세금계산서 등 정규증명서류를 수취하여야 하고, 국외여행사인 경우는 관련영수증을 수취 보관한다.

(5) 여행사 등으로부터 수취할 증명서류 등

① 여행용역과 세금계산서

「관광진흥법」에 의한 일반여행업을 영위하는 사업자가 여행객에게 여행용역을 제공하고 그 대가를 받는 경우에 부가가치세과세표준은 여행객으로부터 받기로 한 여행알선수수료 등 대금·요금·수수료 기타 명목여하에 불구하고 대가관계에 있는 모든 금전적 가치있는 것을 포함하는 것이나, 이 경우 여행알선수수료와 여행객이 부담하여야 하는 항공료, 숙박비, 교통비, 식사비, 입장료 등의 수탁경비를 구분 계약하여 그 대가를 받는 경우 항공료 등은 부가가치세과세표준에 포함하지 아니한다.

또한 당해 사업자는 영수증교부대상 사업자에 해당하는 것이나 그 공급을 받는 자가 사업자등록증을 제시하고 세금계산서의 교부를 요구하는 경우에는 종전 「부가가치세법 시행령」 제79조의 2 제3항의 규정에 의하여 세금계산서를 교부하여야 한다(서면3팀-2384, 2004.11.25.; 부가 46015-1296, 2000.6.2.).

② 여행알선업자의 소득금액 계산

「관광사업법」에 의한 여행알선업자가 여행알선용역을 제공하고 그 대가를 받는 경우 부가가치세과세표준과 「소득세법」 및 「법인세법」에 의한 수입금액은 여행자로부터 받기로 한 알선수수료 금액으로 한다(부가 46015-736, 1997.4.4.).

(6) 여행비용의 손금산입 여부

법인이 여행사에게 여행알선용역의 대가를 지급함에 있어서 당해 용역의 대가에 해당하는 수수료 외에 교통비, 숙박비, 입장료 등 여행경비를 함께 지급한 후 동 여행경비를 여행사로 하여금 대신 지급하도록 한 경우 그 위탁 지급한 여행경비에 대하여도 「법인세법 시행령」 제158조 제2항 각 호에 규정한 경우를 제외하고는 당해 법인이 실제 용역을 제공한 자로부터 같은 법 제116조 제2항 각 호의 정규증명서류를 수취하여야 하는 것으로 이를 수취하지 아니한 경우에는 「법인세법」 제76조 제5항의 규정에 의한 가산세를 납부하여야 하는 것이나, 이 경우에도 입장권 등 다른 객관적인 자료에 의하여 당해 법인의 사업과 관련하여 지출된 사실이 확인되는 경우에는 이를 각 사업연도의 소득금액 계산시 손금에 산입하는 것이다(법인 46012-2268, 2000.11.16.).

한편, 여행알선업자 등이 제공하는 정형화된 상품(패키지상품)을 이용한 여행은 원칙적으로 법인의 업무수행상 필요한 해외여행으로 보지 아니하므로(서이 46012-10582, 2001.11.20.) 소득금액계산시 손금불산입한다.

> * 해외출장비의 근로소득과세여부와 지출증명서류(서면1팀-360, 2007.3.16.)
> 법인의 종업원이 업무수행을 위한 해외출장으로 인하여 실제 소요된 항공료·숙박비를 선지출하고 당해 법인으로부터 그 지출한 금액을 정산하여 지급받는 경우로서 당해 해외출장비용이 「법인세법」 제116조의 규정에 의한 지출증명서류에 의하여 확인되는 때에는 동 금액은 당해 종업원의 근로소득에 해당하지 아니하는 것임.

(7) 부임여비 등

① 부임수당

종업원에게 지급하는 부임수당 중 이주에 소요되는 비용상당액은 여비교통비로 보며 이를 초과하는 부분은 급여로 본다(소통 27-55-6).

따라서 여비교통비로 보는 부분은 정규증명서류(이삿짐 회사의 세금계산서 등)를 수취하여야 한다.

② 해외근무에 대한 귀국휴가 여비

국외에 근무하는 내국인 근로자 또는 국내에 근무하는 외국인 근로자의 본국휴가에 따른 여비는 다음의 조건과 범위 내에서 실비변상적 급여로 본다(소통 12-12…3).

가. 조건

㉠ 회사의 사규 또는 고용계약서 등에 본국 이외의 지역에서 1년 이상(1년 이상 근무하기로 규정된 경우를 포함한다) 근무한 근로자의 귀국여비를 회사가 부담하도록 되어 있을 것

㉡ 해외근무라고 하는 근무환경의 특수성에 따라 직무수행상 필수적이라고 인정되는 휴가일 것

나. 실비변상적 급여로 보는 범위

왕복교통비(항공기의 운행관계상 부득이한 사정으로 경유지에서 숙박한 경우 그 숙박비를 포함한다)로서 가장 합리적 또는 경제적이라고 인정되는 범위 내의 금액에 한하며, 관광여행이라고 인정되는 부분의 금액은 제외된다(소통 12-12…3).

따라서 위 귀국여비는 급료와 임금의 제수당으로 하여 원천징수시 비과세근로소득으로 세무처리하면 될 것이다.

4. 임차료

(1) 부동산 임차료

임대인이 법인이거나 개인일반과세자인 경우에는 임차료와 관리비에 대하여 세금계산서를 수취하면 된다. 그러나 다음의 경우에는 정규증명서류 수취대상에서

제외된다(법칙 §79).

① 주택임대의 경우

주택의 임대업을 영위하는 자(법인을 제외한다)로부터 주택임대용역을 공급받은 경우에는 영수증을 수취하면 된다.

한편, 회사사택 중 아파트 유지관리비를 회사가 부담하는 경우에는 아파트 관리사무소는 수익사업이 없는 비영리단체이므로 아파트 관리사무소의 관리비 납부고지서를 증명서류로 하면 될 것이다(제도 46012-10830, 2001.4.26. 참조).

② 간주임대료의 경우

부동산임대용역을 제공받은 경우로서 「부가가치세법 시행령」 제65조 제1항의 규정에 따른 간주임대료를 임차인이 부담하는 경우

$$\text{간주임대료} = \begin{matrix}\text{전세금 또는}\\\text{임대보증금}\end{matrix} \times \text{과세기간의 일수} \times \frac{\text{정기예금이자율}}{\text{365(윤년은 366)}}$$

회계처리 사례

가. 임차인의 경우

- 예정신고 또는 과세기간종료일(3.31., 6.30., 9.30., 12.31.)자

(차) 세금과공과	×××	(대) 보통예금(또는 미지급금)	×××

나. 임대인의 경우

- 예정신고 또는 과세기간종료일(3.31., 6.30., 9.30., 12.31.)자

(차) 보통예금 또는 미수금	×××	(대) 부가가치세예수금	×××

③ 간이과세자로부터 부동산임대용역을 제공받은 경우

간이과세자로[주]부터 주택을 제외한 부동산 임대용역을 제공받은 경우에는 금융기관을 통하여 지급한 송금사실을 기재한 송금명세서를 법인세과세표준신고서에

첨부하여 납세지관할세무서장에게 제출하여야 한다.

㈜ 「소득세법 시행령」 제208조의 2 제1항 제2호는 다음과 같이 규정하고 있어, 「법인세법 시행령」과 다르다.

> 간이과세자 중 다음 각 목의 어느 하나에 해당하는 자
> 가. 직전 연도의 공급대가의 합계액(직전 과세기간에 신규로 사업을 시작한 개인사업자의 경우 「부가가치세법 시행령」 제61조 제2항에 따라 환산한 금액)이 4천800만원 미만인 자
> 나. 신규로 사업을 시작하는 개인사업자로서 「부가가치세법 시행령」 제61조 제4항에 따라 간이과세자로 하는 최초의 과세기간 중에 있는 자

(2) 리스료

① 시설임차시

납세의무있는 사업자(리스이용자)가 「여신전문금융업법」 제3조의 규정에 의하여 등록한 시설대여업자로부터 시설 등을 임차하고, 당해 시설 등을 공급자 또는 세관장으로부터 직접 인도받는 경우에는 공급자 또는 세관장이 당해 사업자에게 직접 세금계산서를 발급할 수 있다(부령 §69 ⑧).

② 금융리스료

금융리스는 한국표준산업분류에 의하여 금융 및 보험용역에 해당되므로 정규증명서류 대신에 영수증을 수취하면 된다.

③ 운용리스료

「여신전문금융업법」에 의한 시설대여업자가 「조세특례제한법 시행규칙」 제3조의 2에 따른 금융리스 이외의 리스(운용리스)를 실행하고 리스이용자로부터 리스료를 수취하는 경우에는 계산서를 작성하여 리스이용자에게 교부하여야 한다(법통 121－164…6, 서이 46012－11307, 2003.7.10.). 따라서 영수증을 수취하는 경우에는 증명서류수취불성실가산세가 적용된다.

관련 예규

1. 외국법인으로부터 시설 등을 대여받아 사업자에게 재대여하는 경우 세금계산서교부방법 및 부가가치세대리납부대상 여부(부가 46015-581, 1999.3.3.)

유사한 내용의 기질의회신문(재무부 부가 46015-89, 1993.5.25.)을 참고하기 바람.
참고예규 : 재무부 부가 46015-89(1993.5.25.)
시설대여업법에 의하여 인가를 받은 시설대여회사가 국내에 사업장이 없는 외국법인으로부터 시설 등을 대여받아 납세의무있는 사업자에게 재대여함에 있어서 국내제조회사가 외국법인과의 공급계약에 의해 당해 시설 등을 이를 대여받을 국내사업자에게 직접 인도하는 경우에는 종전「부가가치세법 시행령」제21조 제3항의 규정에 의하여 당해 사업자가 국내제조회사로부터 시설 등을 직접 공급받은 것으로 보아 국내제조회사로부터 세금계산서를 교부받을 수 있으며, 이 경우 시설대여회사가 외국법인에게 지급하는 임차료는 부가가치세대리납부의 대상에 해당되지 아니함.

2. 시설대여업자로부터 운용리스방식으로 임차한 시설 등을 다른 사업자에게 임대하는 경우 부가가치세과세 여부(부가 46015-2262, 1999.8.2.)

사업자가 여신전문금융업법에 의하여 등록한 시설대여업자로부터 운용리스방식으로 시설 등을 임차하여 사용하다가 시설대여업자의 동의하에 당해 시설을 다른 사업자에게 임대하고 그 대가를 받는 경우 당해 임대용역에 대하여는 부가가치세가 과세되는 것임.

3. 시설대여업자에 반환된 리스자산에 대한 세금계산서교부 여부

(서삼 46015-11240, 2002.7.30.)

사업자가 여신전문금융업법에 의하여 등록한 시설대여업자로부터 금융리스조건으로 리스자산을 임차하고 공급자(세관장)로부터 직접 인도받아 사용하다가 시설대여계약이 해지되어 당해 시설대여업자에게 당해 리스자산을 반환하는 것은 종전「부가가치세법」제6조 제1항의 규정에 의한 재화의 공급에 해당하며, 당해 사업자는 당해 리스자산을 반환하는 때에 시설대여업자에게 세금계산서를 교부하여야 하는 것임.

4. 시설대여업자가 자동차를 대여하고 정비용역을 함께 제공하는 경우 부가가치세과세 여부

(재경부 소비 46015-86, 2003.3.31.)

「여신전문금융업법」에 의한 시설대여업자가「자동차관리법」제3조의 규정에 의한 자동차를 대여하고 정비용역을 함께 제공하는 경우에는 종전「부가가치세법 시행령」제33조 제4항 및 동법 시행규칙 제11조의 2의 규정에 의하여 부가가치세가 과세되는 것이나,

자동차대여용역만을 제공하는 경우에는 종전 동법시행령 제33조 제1항 제11호의 규정에 의하여 부가가치세가 면제되는 것임. ⓜ

5. 기업업무추진비

[저자주] 접대비가 기업업무추진비로 용어가 변경되었다. 변경내용은 2024.1.1.부터 적용한다.

(1) 정규증명서류의 요건

내국법인이 1회의 접대에 지출한 기업업무추진비 중 3만원(경조금의 경우는 20만원) 초과의 기업업무추진비에 대하여는 신용카드·직불카드 또는 현금영수증 등을 사용하여 지출하거나 계산서 또는 세금계산서를 교부받고 지출하는 경우 이외에는 손금에 산입하지 아니한다(법법 §25 ②, 법령 §41 ①). 따라서 현실적으로 위의 지출증명서류를 수취할 수 없는 거래처의 경조사비나 골프접대시 캐디 등에게 3만원(경조금의 경우는 20만원) 초과 지급한 경우에도 위 조항이 적용되어 손금불산입된다(법인 46012－1073, 1999.3.24.). 그러나 거래선의 경조사에 대한 화환대금은 면세사업자인 꽃집으로부터 계산서나 신용카드매출전표 등을 수취하면 될 것이다.

신용카드에는 다음의 법인개별카드도 법인카드로 간주된다(법인 46012－2098, 2000.10.12.).

구 분	법인공용카드 (기존 법인카드)	법인개별카드 (개인형 법인카드)
카드 형태	법인의 신용으로 발급되며, 카드에 법인의 이름만 새겨짐	법인의 신용(개인의 신용 포함)으로 발급되며, 카드에 법인의 이름과 임직원 개인의 이름이 새겨짐
출금계좌	법인계좌	개인계좌 또는 법인계좌
대금결제 및 책임	법인이 일괄결제 (전적으로 법인 책임)	개인이 책임지되 법인이 연대하여 책임
사용 범위	임직원인 경우 사용가능	본인만 사용

또한 신용카드업자가 신용카드 사용내역을 월별로 일괄하여 통보하는 경우 동 통보서로 정규증명서류에 갈음할 수 있다(법인 46012-133, 2000.1.14.).

(2) 상품권과 기업업무추진비

① 상품권의 부가가치세 과세 여부

상품권을 매입하여 판매하는 경우에는 종전 「부가가치세법」 제1조 제1항의 규정에 의하여 부가가치세가 과세되지 아니한다(부가 46015-3566, 2000.10.23.).

② 상품권과 세금계산서 또는 계산서의 교부 여부

가. 상품권을 자기책임과 계산하에 구입하여 판매하는 경우에 있어서 당해 상품권은 부가가치세가 과세되지 아니하는 것으로 종전 「부가가치세법」 제16조의 규정에 의한 세금계산서를 교부할 수 없다(부가 46015-3650, 2000.10.26.). 사업자가 상품권의 구입과 관련하여 세금계산서를 교부받은 경우 당해 세금계산서의 매입세액은 자기의 매출세액에서 공제할 수 없다(서삼 46015-10145, 2001.9.6.).

나. 상품권발행회사의 상품권을 취득하여 일반소비자에게 판매하는 상품권유통사업자인 법인이 상품권을 판매하는 경우에 「법인세법」 제121조에 규정한 계산서의 작성 및 교부의무가 없는 것이며, 상품권유통법인으로부터 상품권을 구입하는 법인의 경우에도 「법인세법」 제116조(지출증명서류의 수취 및 보관)의 규정 및 같은 법 제76조 제5항에 규정하는 지출증명서류의 수취 관련 가산세가 적용되지 아니하는 것이나, 상품권을 구입하여 기업업무추진비로 사용하는 법인의 경우에 같은 법 제25조 제2항 각 호에 규정된 기업업무추진비의 지출 외에는 1회의 접대에 지출한 기업업무추진비가 3만원 초과인 경우 각사업연도소득금액 계산시 이를 손금에 산입하지 아니한다(부가 46015-3650, 2000.10.26.).

다. 상품권을 판매하는 경우 사업자가 재화 또는 용역을 공급하는 경우에 해당하지 않는 것으로 「소득세법」 제163조 제1항의 규정에 의하여 계산서를 교부할 수 없는 것이고, 상품권을 수입하는 경우 「소득세법」 제160조의 2(경비 등의 지출증명수취 및 보관)의 규정 및 같은 법 제81조 제8항에 규정하는 경비 등의 지출증명서류 수취 관련 가산세가 적용되지 아니하나 지출에 관한 증명서류는 「법인세법」 제121조 제1항의 규정에 따라 수취보관하여야 한다(제도 46011-10280, 2001.3.26.; 서이 46012-10467, 2001.11.5.).

③ 상품권 구매시 계산서를 수취한 경우

법인이 상품권을 판매(구입)하면서 계산서를 교부(수취)하고 매출(매입)계산서합계표를 제출한 경우에는 「법인세법」 제76조 제9항의 규정에 의한 가산세(계산서수취불성실가산세)를 적용하지 아니한다(재경부 법인 46012-22, 2002.1.30.).

(3) 정규증명서류요건 불비에 따른 손금불산입에서 제외되는 기업업무추진비

① 국외특수지역사용 기업업무추진비

기업업무추진비가 지출된 장소(당해 장소가 소재한 인근지역 안의 유사한 장소를 포함한다)에서 현금 외에 다른 지출수단이 없어 정규증명서류를 구비하기 어려운 경우의 당해 국외지역에서 지출한 것으로서 지출사실이 객관적으로 명백한 기업업무추진비의 경우에는 정규증명서류요건불비에 따른 손금불산입대상에서 제외된다(법법 §25 ② 단서, 법령 §41 ② 1호, 소법 §35 ② 단서, 소령 §83 ③ 1호).

② 농·어민으로부터 직접 재화를 공급받는 경우

농·어민(한국표준산업분류에 따른 농업 중 작물재배업·축산업·복합농업, 임업 또는 어업에 종사하는 자를 말하며, 법인은 제외한다)으로부터 직접 재화를 공급받는 경우의 지출로서 그 대가를 「금융실명거래 및 비밀보장에 관한 법률」 제2조 제1호에 따른 금융회사 등을 통하여 지급한 지출(해당 법인이 「법인세법」 제60조 또는 「소득세법」 제70조에 따른 과세표준 신고를 할 때 과세표준 신고서에 송금사실을 적은 송금명세서를 첨부하여 납세지관할세무서장에게 제출한 경우에 한정한다)(법령 §41 ② 2호, 소령 §83 ③ 2호)한 경우에는 정규증명서류 불비에 따른 손금불산입 대상에서 제외된다.

③ 현물기업업무추진비

1회의 접대에 지출된 기업업무추진비 중 3만원(경조금의 경우에는 20만원)을 초과하는 기업업무추진비로서 법인이 직접 생산한 제품 등으로 제공한 기업업무추진비는 정규증명서류불비에 따른 손금불산입대상에서 제외된다(법칙 §20 ②).

또한 매출채권임의포기금액을 기업업무추진비로 보는 경우(재경부 법인 46012－155, 2000.10.16.)와 자기제품이나 상품을 구입할 수 있는 상품권으로 제공한 기업업무추진비(법인 46012－2301, 2000.11.27.)는 정규증명서류불비에 따른 손금불산입규정은 적용하지 아니한다.

참고 기업업무추진비와 기타 지출액의 정규증명서류의 비교

정규증명서류의 적용	기업업무추진비	기업업무추진비 외의 지출
1. 금액기준	지출건당 3만원(경조금의 경우는 20만원) 초과액	지출건당 3만원 초과액
2. 개인카드 사용분	손금불산입	업무와 관련된 지출인 경우 손금으로 인정㈜1
3. 다른 가맹점 명의 사용분	손금불산입㈜2	손금불산입㈜2
4. 정규증명서류 수취 불성실시	손금불산입	업무와 관련된 지출인 경우에는 손금에는 인정하되, 지출액의 2%의 가산세가 부과됨.

㈜1. 연말정산시 신용카드소득공제는 받지 못함.

㈜2. 업무와 무관한 지출인 경우에는 사용자에 대한 상여로 처분하여 근로소득세가 부과됨(법인 46012－551, 2001.3.14.).

6. 광고선전비

광고선전비는 상품이나 제품 등의 판매촉진을 위하여 불특정다수인을 상대로 특정제품의 선전이나 기업의 이미지 제고를 위하여 지출하는 비용으로서, 특정인을 상대로 하는 기업업무추진비와 구분된다. 광고선전비를 지출한 경우에는 일반적으로 정규증명서류의 수취의무가 있다.

관련 예규

1. 동문회 등이 발간하는 회보 등에 광고를 게재하는 대가에 대한 지출증명서류

(법인 46012-1338, 2000.6.9.)

법인이 사업자가 아닌 동문회 또는 학교학생회 등이 발간하는 회보 및 행사지 등에 광고를 게재하는 대가로 회보발간비 및 행사비를 지원하는 경우에도 위 지출증명서류 관련규정을 적용하지 아니하는 것임.

2. 아마추어 운동선수의 후원비에 대한 지출증명서류(법인세과-473, 2009.4.22.)

내국법인이 아마추어 운동선수와 후원계약을 맺고 운동선수의 모자와 유니폼에 내국법인의 로고를 부착하고 시합에 출전하는 조건으로 후원금을 지급할 경우, 동 후원금은 광고선전비로 보아 「법인세법」 제19조의 규정에 따라 손금에 산입하는 것이며, 아마추어 운동선수가 「법인세법 시행령」 제158조 제1항의 사업자에 해당하지 않을 경우, 동 운동선수에게 광고선전 목적으로 지급하는 후원금은 「법인세법」 제116조에서 규정하는 정규증명서류 수취대상에 해당하지 않는 것임. ㊞

7. 지급수수료

① 금융기관 등의 지급수수료

은행, 금융투자회사 및 보험회사 등에게 지급하는 제반 수수료는 정규증명류의 수취대상이 아니므로 당해 금융기관에서 발행하는 영수증 또는 계산서 등을 수취

하면 될 것이다.

② 전문용역 수수료

가. 과세사업자 : 공인회계사, 세무사, 변호사, 법무사, 건축사 등이 제공하는 용역은 부가가치세 과세대상이므로 세금계산서를 수취한다.

나. 개인면세사업자 : 개인이 계속적·반복적으로 사업에 이용되는 건축물·기계 장치 등의 사업설비(임차한 것을 포함한다)없이 근로자를 고용하지 아니하고 독립된 자격으로 용역을 공급하는 대가를 받는 다음의 인적용역제공자에 대하여는 사업소득으로 지급액의 3%에 상당하는 소득세를 원천징수한다.

㉮ 저술·서화·도안·조각·작곡·음악·무용·만화·삽화·만담·배우·성우·가수 또는 이와 유사한 용역

㉯ 연예에 관한 감독·각색·연출·촬영·녹음·장치·조명 또는 이와 유사한 용역

㉰ 건축감독·학술용역 또는 이와 유사한 용역

㉱ 음악·재단·무용(사교무용을 포함한다)·요리·바둑의 교수 또는 이와 유사한 용역

㉲ 직업운동가·역사·기수·운동지도가(심판을 포함한다) 또는 이와 유사한 용역

㉳ 보험가입자의 모집, 저축의 장려 또는 집금 등을 하고 실적에 따라 보험회사 또는 금융기관으로부터 모집수당·장려수당·집금수당 또는 이와 유사한 성질의 대가를 받는 용역과 서적·음반 등의 외판원이 판매실적에 따라 대가를 받는 용역

이 경우 외판원이 판매실적에 따라 대가를 받는 용역은 「방문판매 등에 관한 법률」에 규정된 다음 각 호의 자가 판매실적에 따라 대가를 받는 용역으로 한다. 다만, 아래 'ㄷ.'의 경우에는 후원수당을 지급받는 분에 한한다(부칙 §30).

ㄱ. 방문판매원 또는 후원방문판매원

ㄴ. 방문판매업자 또는 후원방문판매업자로부터 사업장의 관리·운영의 위탁을 받은 자

ㄷ. 다단계판매원

㉦ 저작자가 저작권에 의하여 사용료를 받는 용역

㉧ 교정·번역·고증·속기·필경·타자·음반취입과 이와 유사한 용역

㉨ 고용관계없는 자가 다수인에게 강연을 하고 강연료·강사료 등의 대가를 받는 용역

㉩ 라디오·텔레비전방송 등을 통하여 해설·계몽 또는 연기를 하거나 심사를 하고 사례금 또는 이와 유사한 성질의 대가를 받는 용역

㉪ 작명·관상·점술 또는 이와 유사한 용역

㉫ 개인이 일의 성과에 따라 수당 또는 이와 유사한 성질의 대가를 받는 용역

㉬ 「형사소송법」 및 「군사법원법」 등에 따른 국선변호인의 국선변호, 「국세기본법」에 따른 국선대리인의 국선대리 및 「법률구조법」에 의한 법률구조 및 「변호사법」에 의한 법률구조사업(부칙 §31)

㉭ 학술연구용역·기술연구용역

이 경우 학술연구용역과 기술연구용역이라 함은 새로운 학술 또는 기술을 개발하기 위하여 행하는 새로운 이론·방법·공법 또는 공식 등에 관한 연구용역을 말한다(부칙 §32).

㉮ 직업소개소 및 그밖에 상담소 등을 경영하는 자가 공급하는 다음 각 호의 어느 하나에 해당하는 용역(부칙 §33)

ㄱ. 인생상담·직업재활상담 및 그밖에 이와 유사한 상담용역(결혼상담을 제외한다)

ㄴ. 「중소기업창업 지원법」에 의한 중소기업상담회사가 제공하는 창업상담용역

(너) 「장애인복지법」 제40조에 따른 장애인보조견 훈련용역

(더) 「외국공공기관 또는 국제금융기구에의 가입조치에 관한 법률」 제2조의 규정에 의한 국제금융기구로부터 받은 차관자금으로 국가 또는 지방자치단체가 시행하는 국내사업을 위하여 공급하는 용역(국내사업장이 없는 외국법인 또는 비거주자가 공급하는 것을 포함한다)

(러) 「민법」에 따른 후견인과 후견감독인이 제공하는 후견사무용역

(머) 「가사근로자의 고용개선 등에 관한 법률」에 따른 가사서비스 제공기관이 가사서비스이용자에게 제공하는 가사서비스

관련 예규

1. **판매수수료지급액의 원천징수대상 사업소득 해당 여부**(제도 46011－11012, 2001.5.8.)

   사업자가 고용관계에 없는 백화점의 매장판매원에게 판매실적에 따라 일정액의 판매수수료를 지급하는 경우 동 판매수수료지급액은 「소득세법 시행령」 제184조의 규정에 의한 원천징수대상 사업소득에 해당하지 아니하며, 또한 복식부기의무자인 개인사업자가 동 판매수수료를 지급하고 같은 법 제160조의 2 제2항 각 호의 규정에 의한 증명서류를 수취하지 아니한 경우에는 같은 법 제81조 제8항의 증명서류수취불성실가산세가 적용되는 것임.

2. **프로골프선수가 고용관계없이 특정법인의 로고가 새겨진 골프장비를 사용키로 함에 따라 지급받는 연봉·국내외 훈련비 및 포상금은 '원천징수대상 사업소득'인바 금액의 손금귀속시기와 영수증 수취 및 보관의무규정 적용 여부**(제도 46011－12250, 2001.7.19.)

   가. 프로골프선수가 실질적인 고용관계없이 특정법인의 로고가 새겨진 골프장비를 사용하기로 전속계약을 체결하고 이에 따라 지급받는 연봉, 국내외훈련비 및 포상금은 「소득세법」 제127조 제1항 제3호에 규정된 원천징수대상사업소득에 해당하는 것이며,

   나. 이 경우 동 법인이 프로골프선수에게 지급하는 연봉(매월 분할지급), 국내외훈련비 및 포상금에 대하여는 「법인세법」 제40조의 규정에 의하여 동 금액이 확정되는 날이 속하는 사업연도에 이를 손금에 산입하는 것임.

   다. 법인이 「소득세법」 제127조 제1항 제3호의 원천징수대상 사업소득자로부터 용역을 공급받은 경우(원천징수한 것에 한함)에는 「법인세법」 제116조 제2항의 정규영수증 수취 및 보관의무규정이 적용되지 아니하는 것임.

3. 도급계약에 의한 헤어디자이너용역대가의 원천징수(서이 46013－10884, 2002.4.26.)

헤어디자이너가 인적·물적 사업설비를 갖추지 아니하고 다른 사업자의 사업장에서 도급계약에 의하여 독립적으로 용역을 제공하고 일의 성과에 따라 받는 대가는 종전 「부가가치세법 시행령」 제35조 제1항 타목의 규정에 해당하여 「소득세법 시행령」 제184조 제1항에서 정한 원천징수대상사업소득의 범위에 포함하는 것임.

4. 사업자와 계약에 의하여 개인이 수령한 광고료수금 및 관련부대업무용역대가의 부가가치세 면제 여부와 용역대가의 연말정산대상 해당 여부 및 원천징수 여부

(서삼 46015－10039, 2003.1.9.)

가. 전화번호부를 발행하여 광고용역을 제공하는 사업자와의 계약에 의하여 개인이 광고주로부터 전화번호부에 게재할 광고를 청약받고 인적·물적시설없이 그 광고료를 수금하거나 관련부대업무를 수행하고 계약상 정하여진 방법에 의하여 그 수수료를 지급받는 경우에 당해 용역은 종전 「부가가치세법 시행령」 제35조 제1호 타목의 규정에 의하여 부가가치세가 면제되는 것임.

나. 이 경우 개인이 당해 용역을 제공하고 받는 수수료는 「소득세법」 제144조의 2의 규정에 의한 사업소득세액의 연말정산대상에 해당하지 아니하며, 기타 원천징수와 관련한 사항은 관련참고자료의 조세법령과 유사사례(서삼 46015－10664, 2002.4.24.)를 참고하기 바람.

참고예규 : 서삼 46015－10664(2002.4.24.)

인적·물적 사업설비를 갖추지 아니한 개인이 다른 사업자의 사업장에서 계약에 의하여 독립적으로 판매대행용역을 제공하고 그 판매실적에 따라 일정수수료를 받는 경우 당해 용역은 「부가가치세법 시행령」 제35조 제1호 타목(2001.12.31. 대통령령 제17460호로 개정된 것)의 규정에 의하여 부가가치세가 면제되는 것이며, 「소득세법 시행령」 제184조 제1항의 원천징수대상사업소득(원천징수세율 3%)에 해당하는 것임.

5. 개인이 근로자를 고용하여 판매대행용역을 제공하고 받는 수수료의 부가가치세면제 여부

(서삼 46015－11752, 2003.11.10.)

인적·물적 사업설비를 갖추지 아니한 개인이 다른 사업자의 사업장에서 계약에 의하여 독립적으로 판매대행용역을 제공하고 그 판매실적에 따라 일정수수료를 받는 경우에는 종전 「부가가치세법 시행령」 제35조 제1호 타목의 규정에 의하여 부가가치세가 면제되는 것이나, 근로자를 고용하여 당해 용역을 제공하는 경우에는 동 규정에 의한 면세되는 인적용역의 범위에 해당되지 않는 것임. ⓔ

③ 기술도입료

국내사업장이 없는 비거주자 또는 외국법인에게 지급하는 기술도입비용(Royalty) 등은 원천징수대상 소득이므로 조세조약이나 관련법령에 의하여 원천징수하면 되고 정규증명서류의 수취대상이 아니다. 다만, 면세용역의 대가를 지급하는 경우에는 「부가가치세법」상의 대리납부의무를 이행하여야 한다.

국내사업장이 없는 비거주자 또는 외국법인(이하 "비거주자 등"이라 한다)에게 지급하는 사용료 등 대가에 대하여 원천징수할 세액상당액을 내국법인이 부담하는 조건으로 계약을 체결한 경우에는, 당해 계약에 따라 내국법인이 부담한 원천징수 세액상당액을 지급대가의 일부로 보아 손금에 산입한다(법통 19-19…27).

국내사업장이 없는 외국법인에게 「법인세법」 제93조에 규정하는 국내원천소득을 지급하는 경우에 계약조건이 '국내 세법에 의한 제세를 공제한 금액을 지급하도록' 약정되어 있는 때의 「법인세법」 제91조 제2항의 규정에 의한 과세표준금액은 다음과 같이 계산한다(법통 98-0…2).

과세표준 = 지급하기로 약정한 금액 ÷ (1 - 원천징수세율)

④ 부동산중개수수료

중개업자에게 중개수수료를 지급하는 경우에는 세금계산서나 신용카드매출전표를 수취해야 한다.

만일 정규증명서류를 수취하지 못할 경우에는 금융기관을 통하여 중개수수료를 송금하고 법인세과세표준 또는 소득세과세표준신고시 경비 등 송금명세서를 작성하여 제출하면 된다(법칙 §79 10호 바목).

다만, 사업성이 없는 개인이 일시적으로 중개하고 받는 수수료는 기타소득으로써 지급액의 20%를 원천징수(필요경비는 없음)하면 된다.

⑤ 기타용역수수료

일반청소용역비, 사무실경비용역비, 전산유지보수료, 시험검사 수수료 등은 부가가치세 과세대상용역이므로 세금계산서를 수취하면 된다. 한편 부가가치세가 면제되는 의료보건용역을 제공받은 경우에는 계산서를 수취하면 되나, 거래상대방이 개인사업자인 경우에는 지급액의 3%에 상당하는 사업소득세를 원천징수하면 된다.

8. 통신비

① 전신전화요금

전기통신사업자로부터 전기통신용역을 공급받은 경우에는 정규증명서류 수취의 대상이 아니다. 다만, 사업자의 사업이 다음에 해당하는 경우 해당 사업자는 「부가가치세법」 제32조 제4항에 따라 해당 사업과 관련하여 「부가가치세법」 제32조 제1항 제1호부터 제4호까지의 기재사항과 그 밖에 필요하다고 인정되는 사항 및 관할 세무서장에게 신고한 전자세금계산서임을 적은 계산서를 관할 세무서장에게 신고한 후 발급할 수 있다. 이 경우 사업자는 「부가가치세법 시행령」 제68조 제5항 각 호에 따른 표준인증을 받고 공급일의 다음 달 11일까지 전자세금계산서 파일을 국세청장에게 전산매체로 제출하여야 한다(부령 §68 ⑨ 2호).

- 「전기통신사업법」에 따른 전기통신사업자가 사업자에게 같은 법 제2조 제11호에 따른 기간통신역무(이하 "기간통신역무"라 한다)를 제공하는 경우와 같은 조 제12호에 따른 부가통신역무 중 월단위 요금형 서비스를 제공하는 경우로서 기간통신역무와 공급시기가 동일하여 통합하여 비용을 청구하는 경우

② 우편요금

우표구입비, 우편물발송비는 우체국이 국가기관이므로 정규증명서류의 수취대상이 아니다. 그러나 실무적으로 대부분 신용카드를 사용하고 있으므로 신용카드 매출전표를 수취하면 될 것이다.

③ 우편대행수수료

우편물 발송 등을 대행하는 용역은 부가가치세가 과세되므로 용역을 제공하는 사업자로부터 세금계산서를 수취하여야 한다.

9. 세금과공과

① 조세

세금은 국가와 지방자치단체에 납부하는 것이므로 정규증명서류의 수취대상이 아니다.

② 공과금

공과금은 국가, 지방자치단체, 기타 공익단체 등의 공공기관에서 공공지출에 충당하기 위하여 징수하는 부과금이므로 정규증명서류의 수취대상이 아니다. 다만, 제반벌과금·산재보험료가산금·폐수배출부담금·과태료 등은 정규증명서류의 수취 여부와 관계없이 소득금액계산시 손금불산입된다.

10. 판매촉진비

(1) 판매수수료

판매수수료는 판매실적에 따라 지급하는 비용으로서 지급의 상대방이 당해 법인의 임직원인 경우에는 당해 임직원의 근로소득에 해당하므로 정규증명서류의 수취의무가 없다. 그러나 상대방이 고용관계가 없는 자인 경우에는 사업소득에 해당하므로, 「소득세법」 제127조 제1항 제3호에 규정된 인적용역에 해당되는 경우에는 지급액의 3%에 상당하는 소득세를 원천징수하고 그 외의 경우에는 세금계산서를 수취하여야 한다.

관련 예규

1. **백화점 매장직원에 대한 수수료**(제도 46011-11012, 2001.5.8.)

사업자가 고용관계없는 백화점 매장판매원에게 판매실적에 따라 일정액의 판매수수료를 지급하는 경우 동 판매수수료지급액은 「소득세법 시행령」 제184조의 규정에 의한 원천징수대상 사업소득에 해당하지 아니하며, 또한 복식부기의무자인 개인사업자가 동 판매수수료를 지급하고 같은 법 제160조의 2 제2항 각 호의 규정에 의한 증명서류를 수취하지 아니한 경우에는 같은 법 제81조 제8항의 증명서류수취불성실가산세가 적용된다.

(2) 사은품

① 손금인정 여부

법인이 거래처 또는 고객 중 일부와 사전약정에 의하여 일정기간 동안의 거래실적에 따라 지급하는 사은품, 답례품 등의 증정에 따른 지출액은 판매부대비용에 해당되어 각사업연도소득금액계산상 손금에 산입된다(법인 22601-1115, 1989.3.27.).

② 수령자의 소득세과세 여부

가. 사업자가 자기상품을 구매하는 고객에게 구매금액에 따라 값의 일부를 할인하여 주거나 덤을 주는 경우 또는 사은품을 제공하는 경우 그 할인금액이나 덤 또는 사은품은 구매고객의 과세소득에 해당하지 아니한다. 또한 마일리지, 사이버머니적립제도 등의 방법으로 일정기간 구매실적에 따라 사은품 또는 사례금을 제공하는 경우에도 그 사은품 등은 구매고객의 과세소득에 해당하지 아니한다(서면2팀-1105, 2005.7.15.; 소득 46011-21044, 2000.7.26.; 서이 46013-12131, 2002.11.28.).

따라서 고객에게 지급하는 위 보상금 등은 정규증명서류수취대상이 아니므로 지급근거와 지출증명서류(입금증 등)를 보관하면 된다(서면2팀-1105, 2005.7.15.).

나. 인터넷 관련 사업자가 회원과 사전약정에 의하여 일정기간이 구매금액에 따라 일정포인트를 부여한 후, 누적된 포인트에 대하여 회원에게 사이버머니, 쇼핑머니로의 전환 또는 현금(Cash back)으로 제공하는 경우, 그 현금 등은 회원의 과세소득에 해당하지 아니하는 것이나, 인터넷사이트 운영자와의 사전약정에 따라 자료를 직접 등록·게시하고 당해 사이트 이용회원들의 다운로드 후 지불한 이용료의 일정비율에 해당하는 금액을 사이트 운영자로부터 그대가로 지급받은 포인트를 사이버머니, 쇼핑머니로의 전환 또는 현금(Cash back)으로 제공받는 경우에는, 회원의 사업성 여부에 따라 사업소득 또는 기타소득으로 본다(서면1팀-388, 2007.3.21.).

다. 온라인 정보제공사업자를 위하여 일시적으로 정보제공 등을 하여 준 대가로 지급받는 금품은 「소득세법」 제21조 제1항 제17호의 사례금으로 기타소득에 해당하여 「소득세법」 제145조의 규정에 의해 원천징수의무자가 기타소득을 지급하는 때에 지급액의 20%를 원천징수하는 것이며, 당해 정보제공자가 영리를 목적으로 독립된 지위에서 계속·반복적으로 정보를 제공하고 그 대가를 받는 경우에는 「소득세법」 제19조의 규정에 의한 사업소득에 해당한다(서면1팀-1129, 2005.9.27.).

③ 부가가치세과세 여부

사은품을 금전이나 상품권 또는 부가가치세가 면제되는 농·수·축·임산물 등으로 지급하는 경우에는 부가가치세 과세대상이 아니나, 부가가치세가 과세되는 현물로 지급할 때에는 과세되는 경우가 있다.

사업자가 자기의 제품 또는 상품을 구입하는 자에게 구입당시 그 구입액의 비율에 따라 증정하는 기증품 등은 주된 재화의 공급에 포함하므로 종전 「부가가치세법」 제6조 제3항 및 동법 시행령 제16조 제2항의 규정에 의한 사업상증여에 해당하지 아니하는 것이나, 당사자간의 약정에 의하여 일정기간의 구매수량이나 구매금액에 따라 사은품 등으로 재화를 공급하는 경우 당해 재화의 대가가 주된 거래인 재화공급의 대가에 포함되지 아니하는 것은 부가가치세가 과세되는 재화의 공급으로 보는 것이며, 이 경우 과세표준은 종전 동법 제13조 제1항 및 동법 시행령 제50조 제1항 및 제2항의 규정에 의한 시가로 하는 것이다(부가 46015-356, 2000.2.9.). 그러나 이 경우 부가가치세가 과세되어도 세금계산서의 작성교부의무는 면제된다(부령 §71 ① 3호).

따라서 사은품은 구입시 정규증명서류를 수취하면 되는 것이고 지급시 상대방의 기타소득이 되는 경우에 원천징수하는 경우를 제외하고는 정규증명서류의 비치의무는 없다.

(3) 경품

① 손금인정 여부

판매촉진을 위하여 모든 거래처에 다음과 같은 경품부판매를 실시하는 경우 사전약정에 의한 판촉이므로 판매부대비인 광고선전비에 해당한다(법인 22601-1572, 1992.7.18.; 법인 22601-1115, 1989.3.27.).

•사전에 모든 거래처에 판촉안내를 우편으로 발송
•일정기간, 일정품목, 일정금액 이상 구매시 판촉물 무상지급
•판촉물은 사회통념상 타당한 물품임.

② 수령자의 소득세과세 여부

가. 경품

거주자가 경품으로 받는 자산의 가액은「소득세법」제21조 제1항 제2호의 규정에 의하여 기타소득에 해당하는 것이며, 그 경품에 대한 부가가치세를 경품을 받는 자가 부담하지 아니하고 경품을 제공한 사업자가 부담하는 경우에는 그 부가가치세액을 경품의 가액에 포함한다(소득 46011-21019, 2000.7.22.).

나. 추첨권 등

인터넷사업자가 인터넷사이트에 회원으로 등록하는 자 및 부여한 추첨권 또는 온라인게임대회의 당첨자에게 사이버머니를 적립하여 주고 적립된 사이버머니한도 내에서 사례금·당첨금을 지급하는 경우 그 금액은 기타소득에 해당하는 것이며, 기타소득금액을 지급할 때 또는 사이버머니를 이용하여 물품가액을 결제할 때 원천징수한다(서이 46013-10783, 2001.12.20.).

③ 경품의 부가가치세과세 여부

경품을 금전이나 상품권 또는 농·축·수·임산물 등으로 지급하는 경우에는 부가가치세 과세대상이 아니나, 부가가치세가 과세되는 현물로 지급시는 사업상증여로 보아 부가가치세가 과세된다(부가 46015-2223, 1999.7.30.; 부가 46015-892, 2001.6.20.; 서삼 46015-10254, 2002.2.16. 외 다수).

사례 : 현물로 지급하는 경품(VAT과세 재화)

⑴ 외부로부터 구입(구입액 : 1,000,000원)하여 지급하는 경우(수치는 가정치임)

① 부가가치세매입세액을 공제받는 경우

－구입·지급시－

(차)	판매촉진비 (광고선전비)	1,000,000	(대)	보통예금 (또는 미지급금)	1,100,000
	부가가치세대급금	100,000			
(차)	판매촉진비 (광고선전비)	100,000	(대)	부가가치세예수금	100,000
	현　금	242,000		예수금(원천세)	242,000㈜

㈜ 기타소득 원천징수세액 : 1,100,000(부가가치세 포함금액)×22%(지방소득세 포함) = 242,000원

② 부가가치세 매입세액을 공제받지 아니하는 경우

－구입·지급시－

(차)	판매촉진비 (광고선전비)	1,100,000	(대)	보통예금 (또는 미지급금)	1,100,000
(차)	현　금	242,000	(대)	예수금(원천세)	242,000

⑵ 회사가 생산한 제품으로 지급하는 경우(제조원가 : 1,000,000원, 판매가액 : 1,500,000원)

－지급시－

(차)	판매촉진비 (광고선전비)	1,000,000	(대)	제　품	1,000,000
(차)	판매촉진비 (광고선전비)	150,000	(대)	부가가치세예수금	150,000
	현　금	363,000		예수금(원천세)	363,000㈜

㈜ 기타소득 원천징수세액 : (1,500,000 + 150,000)×22% = 363,000

[참고] 원천징수의무자가 원천징수세액을 징수하지 아니하고 대신 납부한 원천징수세액은 손금불산입한다(법통 21 - 0…1).

11. 차량유지비

(1) 지출증명서류

자동차세(세금과공과로 회계처리할 수 있음), 차량보험료, 차량검사비용 등은 정규증명서류의 수취대상이 아니나, 유류대·수리비·세차비·주차료·통행료 등은 건당 지출금액이 3만원 초과인 경우에는 정규증명서류를 수취하여야 한다.

(2) 자가운전보조금

임직원의 소유차량을 임직원이 직접 운전하여 법인의 업무수행에 이용하고 시내출장 등에 소요된 제여비를 지급받는 대신에 그 소요경비를 법인의 규정 등에 의하여 정하여진 지급기준에 따라 지급받는 금액 중 월 20만원 이내의 금액은 자가운전보조금으로 근로소득세를 과세하지 아니한다. 이러한 자가운전보조금은 인건비로 회계처리하든 복리후생비, 여비교통비 또는 차량유지비 등 어떠한 계정과목으로 처리하든 정규증명서류의 수취대상이 아니다.

12. 교육훈련비

(1) 사원채용경비 및 사내교육비

사원채용에 따른 연수비, 사내교육용 책자 및 매뉴얼 인쇄비용 등의 지출 상대방이 사업자인 경우에는 정규증명서류를 수취하여야 한다. 이 경우 인가 또는 허가받은 교육훈련기관은 부가가치세가 면제되는 사업자이므로 계산서를 수취하여야 한다.

(2) 강사료

① 사내강사료

사내강사에게 지급하는 금액은 근로소득이므로 근로소득으로 원천징수하면 된다.

② 외부강사료

외부강사료는 다음과 같이 세무처리하면 된다.

가. 강사가 학원에 소속된 자인 경우

외부강사가 학원에 소속된 자이며 강사료가 당해 학원에 귀속되는 경우에는 학원으로부터 계산서를 수취하면 된다.

나. 강사의 개인소득을 구성할 경우

계속적이고 반복적으로 강사활동을 영위하는 자(예컨대 학원에 고용되어 있지 아니한 학원강사)에게 지급시는 사업소득으로 지급액의 3%를 사업소득세로 원천징수하고, 일시적인 강의의 대가는 기타소득(지급액－지급액×60%)의 20%에 해당하는 기타소득세를 원천징수하면 된다(개인 지방소득세 별도).

사례 : 강사료의 원천징수

(주)갑이 외국어초빙강사에게 강사료를 2,000,000원 지급하고자 한다.

① 강사가 강의를 전업으로 하는 학원강사인 경우
- 사업소득세 원천징수세액＝2,000,000원×3%＝60,000원
- 개인 지방소득세 원천징수세액＝60,000원×10%＝6,000원

② 일시적인 강사료인 경우
- 기타소득세 원천징수세액＝(2,000,000원－2,000,000원×60%)×20%＝160,000원
- 개인 지방소득세 원천징수세액＝160,000원×10%＝16,000원

13. 소모품비

일반적으로 지출하는 소모품비는 정규증명서류의 수취대상이나 인터넷·PC통신·TV홈쇼핑 등을 통한 구매, 우편송달에 의한 주문판매에 의하여 공급받는 경우에는 금융기관을 통하여 송금하고 법인세과세표준신고시 또는 소득세과세표준신고시 '경비 등 송금명세서'의 제출대상이 된다.

14. 도서인쇄비

도서인쇄비는 소모품비와 같은 기준으로 '경비 등 송금명세서'의 제출대상인 경우를 제외하고는 정규증명서류의 수취대상이 된다. 그러나 도서인쇄비 중 면세대상인 도서·잡지대 등은 계산서를 수취하여야 한다.

15. 운반비

운반용역을 제공받은 경우에는 세금계산서를 수취하여야 하나, 택시운송용역을 제공받은 경우는 정규증명서류수취의 대상이 아니다. 아울러 운송용역을 영위하는 간이과세자로부터 운송용역을 공급받은 경우와 「항공법」에 의한 상업서류송달용역을 제공받은 경우(DHL, Ups, Fedex 등 특급우편 등)로서 금융기관을 통하여 송금하고 법인세과세표준신고 또는 소득세과세표준신고시 송금명세서를 제출한 경우에는 정규증명서류의 수취대상에서 제외된다.

그러나 수수료 또는 계약에 의하여 화물운송에 관한 책임을 지고 탁송자로부터 수령자에게 화물을 운송하는 화물운송대행용역은 정규증명서류를 수취하여야 한다(법인 46012-3828, 1999.10.28.).

16. 보험료

보험료는 금융보험용역으로 정규증명서류의 수취대상이 아니므로 보험료 납입 영수증을 비치·보관한다.

17. 외주가공비

외주가공비는 거래상대방에 따라 다음과 같이 구분된다.

① 일반과세자

외주가공용역을 제공받은 경우에는 원칙적으로 세금계산서를 수취하여야 한다. 다만, 거래상대방이 개인인 경우 금융기관을 통하여 송금하고 법인세과세표준신고 또는 소득세과세표준신고시 '경비 등 송금명세서'를 제출한 경우에는 정규증명서류의 수취대상에서 제외된다.

② 간이과세자나 미등록사업자

금융기관을 통하여 송금하고 법인세과세표준신고 또는 소득세과세표준신고시 '경비 등 송금명세서'를 제출하면 정규증명서류수취대상에서 제외된다.

한편, 전업주부가 고용관계없이 부업으로 수출물품 등의 가공 등 가내수공업적인 용역을 제공하고 받는 대가를 일용근로소득이므로(소통 14-20-1) 원천징수대상소득이 된다.

18. 대손상각비

재화나 용역의 대가가 아니므로 정규증명서류의 수취대상이 아니다. 다만, 부실채권의 대손처리시 세무상 손금으로 인정받으려면 대손사유를 입증하는 서류를 보관하여야 한다.

19. 공동경비

① 공동사업을 영위하는 법인의 공동경비에 대한 지출증명서류

법인이 당해 법인 외의 법인과 사업을 공동으로 영위함에 있어 공동사업의 대표법인으로부터 동 대표법인이 공동사업에 참여한 자를 대신하여 구입한 재화 또는 용역을 사전약정에 따라 분배받고 그 분배대가를 대표법인에게 지급하는 경우에는 「법인세법」 제116조 '정규증명서류의 수취 및 보관'의 규정을 적용하지 아니하는 것이나, 이 경우에도 공동사업의 대표법인은 사업자로부터 공동구매한 재화 또는 용역에 대하여 같은 조 제2항 각 호에 규정된 증명서류를 수취하여 이를 보관하여야 하는 것이다(법인 46012-2001, 2000.9.28.).

② 공동경비의 세금계산서처리방법

법인이 공통적인 업무를 수행하기 위해 소요된 경비를 다수의 법인을 대표하여 지급한 후, 합리적인 배부기준에 의해 개별법인에게 배부함에 있어 사업자로부터 재화 또는 용역을 공급받고 그 대가를 지급하는 경우 「법인세법」 제116조의 규정에 의한 정규증명서류를 수취하지 아니한 경우에는 같은 법 제76조 제5항의 규정에 의하여 가산세가 부과되는 것이나, 소요된 경비를 동 개별법인으로부터 금전으로 받는 것은 재화 또는 용역의 공급에 해당하지 아니하는 것이며, 그 경비 중 세금계산서수취분은 종전 「부가가치세법 시행규칙」 제18조의 규정에 따른다(서면2팀-2557, 2006.12.12.; 서면2팀-1031, 2006.6.7.; 서면2팀-1200, 2004.6.10.; 제도 46012-11596, 2001.6.16.).

제4절 기타비용

1. 이자비용

금융기관에 지급하는 이자비용은 금융보험업자에 대한 지급대가이므로 정규증명서류의 수취대상이 아니다.

(1) 은행 등 금융기관에 지급하는 지급이자 및 할인료

원천징수대상이 아닌 금융보험용역이므로 관련기관의 영수증 등을 수취하면 된다.

(2) 사채(私債)이자

금융보험용역이지만 소득세 또는 법인세를 25%를 원천징수하여야 하므로 원천징수영수증 또는 지급명세서를 비치하여야 한다.

(3) 공급대가의 지급지연으로 받는 이자상당액

공급에 대한 대가의 지급이 지체되었음을 이유로 받는 연체이자는 「부가가치세법」 제29조 제5항 제5호의 규정에 의하여 부가가치세과세표준에 포함하지 아니하나 동 금액은 비영업대금의 이익에 해당되어 원천징수대상이 되는 경우도 있다.

① 제품판매대금으로 받은 어음의 만기연장으로 받는 금액

제품판매대금으로 지급받은 어음을 고객의 자금사정에 의하여 새로운 어음과 교환하는 방법으로 어음의 만기일을 연장해 주고 그 연장기간에 대하여 지급받는 이자상당액은 비영업대금의 이익이다(법인 46013-1176, 1997.4.28.; 법인 46013-3184, 1998.10.29.).

② 금융업자가 임대보증금을 반환받지 못하여 받는 지연이자상당액

금융·보험업 법인이 사무실임대보증금을 반환받지 못한 채 소비대차로 전환하여 지급받는 지연이자상당액은 비영업대금의 이자소득에 해당되어 원천징수의 대상이 된다(법인 46013-3182, 1997.12.9.).

③ 토지의 매매대금의 잔금을 지급받기 전에 소유권을 이전하고 이자를 지급하기로 한 경우

토지의 매매계약을 체결한 후 잔금을 지급받기 전에 소유권을 이전하고 그 후 잔액에 대하여 이자를 지급하기로 약정한 경우 매매잔금이 소비대차로 전환되었다고 보아야 할 것이므로 약정이자는 비영업대금의 이익이다(국심 97서2422, 1997.12.23.).

④ 주택입주 전 계약이 해제되어 해약환불금 외에 지급하는 법정이자의 소득구분 및 원천징수방법

입주자의 귀책사유로 주택입주 전에 계약이 해제되는 경우 주택공급계약에서 정한 바에 따라 기불입한 입주금 중 위약금을 제외한 금액에 대해 입주자에게 지급하는 법정이자는 비영업대금의 이익으로서 25%의 세율을 적용하여 원천징수하는 것이다(법인 46013-2135, 1999.6.5.).

(4) 하도급대금을 어음으로 지급한 경우

수급업자가 원사업자로부터 하도급대금을 어음으로 지급받는 경우에 「하도급 거래 공정화에 관한 법률」 제13조 제6항 단서의 규정에 의하여 목적물의 수령일부터 60일을 초과한 날 이후 만기일까지의 기간에 대한 추가로 지급받는 어음의 할인료는 당해 사업의 총수입금액에 산입하는 것이며, 원천징수대상소득에 해당하지 아니한다(소득 46011-306, 2000.3.3.; 법인 46013-2340, 1990.6.22.).

아울러 부가가치세과세표준에도 포함하지 아니한다(서삼 46015-10875, 2001.12.14.; 부가 46015-1156, 2000.5.24.).

2. 기부금

(1) 기부금 영수증

기부금은 사업과 직접 관계가 없는 자에게 대가를 받지 아니하고 금전 또는 물품 등을 기증하는 재산가액을 말한다. 기부금은 사업과 관련 없이 지급하는 점에서 기업업무추진비와 구분되며, 특정한 단체 등에 지급하는 점에서 광고선전비와 구분된다.

기부금을 지출한 법인 또는 개인이 손금산입 또는 소득공제를 하고자 하는 경우에는 아래의 기부금영수증을 받아서 보관하여야 한다(법령 §39 ④, 소칙 §58 ① 5호).

① 법인의 경우

■ 법인세법 시행규칙 [별지 제63호의 3 서식] 〈개정 2023.3.20.〉

일련번호	

기 부 금 영 수 증

※ 뒤쪽의 작성방법을 읽고 작성하여 주시기 바랍니다. (앞쪽)

❶ 기부자	
성명(법인명)	주민등록번호 (사업자등록번호)
주소(소재지)	

❷ 기부금 단체	
단 체 명	사업자등록번호(고유번호)
(지 점 명*)	(지점 사업자등록번호 등)
소 재 지	기부금공제대상 공익법인등 근거법령
(지점 소재지)	
* 기부금 단체의 지점(분사무소)이 기부받은 경우, 지점명 등을 추가로 기재할 수 있습니다.	

❸ 기부금 모집처(언론기관 등)	
단 체 명	사업자등록번호
소 재 지	

❹ 기부내용

코 드	구 분 (금전 또는 현물)	연월일	내 용			금 액
			품명	수량	단가	

「소득세법」 제34조, 「조세특례제한법」 제58조·제76조·제88조의 4 및 「법인세법」 제24조에 따른 기부금을 위와 같이 기부하였음을 증명하여 주시기 바랍니다.

년 월 일

신청인 (서명 또는 인)

위와 같이 기부금을 기부받았음을 증명합니다.

년 월 일

기부금 수령인 (서명 또는 인)

210mm×297mm[백상지 80g/㎡ 또는 중질지 80g/㎡]

(뒤쪽)

작 성 방 법

1. ❷ 기부금 대상 공익법인등은 해당 단체를 기부금 공제대상 공익법인등, 공익단체로 규정하고 있는 「소득세법」 또는 「법인세법」 등 관련 법령을 적어 기부금영수증을 발행해야 합니다.

기부금공제대상 기부금단체 근거법령	코드
「법인세법」제24조제2항제1호가목(국가 · 지방자치단체), 나목(국방헌금과 국군장병 위문금품)	101
「법인세법」제24조제2항제1호다목(천재지변으로 생기는 이재민을 위한 구호금품)	102
「법인세법」제24조제2항제1호라목(같은 목에 열거된 사립학교, 비영리 교육재단, 산학협력단 등의 기관(병원은 제외한다)에 시설비 · 교육비 · 장학금 또는 연구비로 지출하는 기부금)	103
「법인세법」제24조제2항제1호마목(같은 목에 열거된 병원에 시설비 · 교육비 또는 연구비로 지출하는 기부금)	104
「법인세법」제24조제2항제1호바목[사회복지사업, 그 밖의 사회복지활동의 지원에 필요한 재원을 모집 · 배분하는 것을 주된 목적으로 하는 비영리법인(일정 요건을 충족하는 법인만 해당)으로서 기획재정부장관이 지정·고시하는 법인]	105
「소득세법」제34조제2항제1호나목(「재난 및 안전관리 기본법」에 따른 특별재난지역을 복구하기 위하여 자원봉사를 한 경우 그 용역의 가액에 대해 기부금영수증을 발급하는 단체)	116
「정치자금법」에 따른 정당(후원회, 선거관리위원회 포함)	201
「법인세법 시행령」 제39조제1항제1호가목(「사회복지사업법」에 따른 사회복지법인)	401
「법인세법 시행령」 제39조제1항제1호나목(「영유아보육법」에 따른 어린이집)	402
「법인세법 시행령」 제39조제1항제1호다목(「유아교육법」에 따른 유치원, 「초· 중등교육법」 및 「고등교육법」에 따른 학교, 「국민 평생 직업능력 개발법」에 따른 기능대학, 「평생교육법」 제31조제4항에 따른 전공대학 형태의 평생교육시설 및 같은 법 제33조제3항에 따른 원격대학 형태의 평생교육시설)	403
「법인세법 시행령」 제39조제1항제1호라목(「의료법」에 따른 의료법인)	404
「법인세법 시행령」 제39조제1항제1호마목[(종교의 보급, 그 밖에 교화를 목적으로 「민법」 제32조에 따라 문화체육관광부장관 또는 지방자치단체의 장의 허가를 받아 설립한 비영리법인(그 소속 단체를 포함한다)]	405
「법인세법 시행령」 제39조제1항제1호바목(기획재정부장관이 지정하여 고시한 법인)	406
「법인세법 시행령」 제39조제1항제2호가목(「유아교육법」에 따른 유치원의 장 등이 추천하는 개인에게 교육비 · 연구비 · 장학금으로 지출하는 기부금)	407
「법인세법 시행령」 제39조제1항제2호나목(공익신탁으로 신탁하는 기부금)	408
「법인세법 시행령」 제39조제1항제2호다목(기획재정부장관이 지정하여 고시하는 기부금)	409
「법인세법 시행령」 제39조제1항제4호(같은 호 각 목에 열거된 사회복지시설 또는 기관 중 무료 또는 실비로 이용할 수 있는 시설 또는 기관)	410
「법인세법 시행령」 제39조제1항제6호(기획재정부장관이 지정하여 고시하는 국제기구)	411
「소득세법 시행령」 제80조제1항제2호(노동조합 등의 회비)	421
「소득세법 시행령」 제80조제1항제5호(공익단체)	422
「조세특례제한법」 제88조의4(우리사주조합)	461
「조세특례제한법」 제58조(고향사랑기부금)	462

2. ❸기부금 모집처(언론기관 등)는 방송사, 신문사, 통신회사 등 기부금을 대신 접수하여 기부금 단체에 전달하는 기관을 말하며, 기부금 대상 공익법인등에게 직접 기부한 경우에는 적지 않습니다.

3. ❹기부내용의 코드는 다음 구분에 따라 적습니다.

기부금 구분	코드
「소득세법」 제34조제2항제1호, 「법인세법」 제24조제2항제1호에 따른 기부금	10
「조세특례제한법」 제76조에 따른 기부금	20
「소득세법」 제34조제3항제1호(종교단체 기부금 제외), 「법인세법」 제24조제3항제1호에 따른 기부금	40
「소득세법」 제34조제3항제1호에 따른 기부금 중 종교단체기부금	41
「조세특례제한법」 제88조의4에 따른 기부금	42
「조세특례제한법」 제58조에 따른 기부금	43
필요경비(손금) 및 세액공제 금액대상에 해당되지 않는 기부금	50

4. ❹기부내용의 구분란에는 "금전기부"의 경우에는 "금전", "현물기부"의 경우에는 "현물"로 적고, 내용란은 현물기부의 경우에만 적습니다. "현물기부"시 "단가"란은 아래 표와 같이 기부자, 특수관계여부 등에 따라 장부가액 또는 시가를 적습니다.

구 분	기부자	
	법인	개인
특례기부금	장부가액	Max(장부가액, 시가)
특수관계인이 아닌 자에게 기부한 일반기부금	장부가액	
그 밖의 기부금	Max(장부가액, 시가)	

5. (유의사항) 2021년 7월 1일 이후 전자기부금영수증(「법인세법」 제75조의4제2항 및 제112조의2에 따른 전자기부금영수증을 말함)을 발급한 경우에는 기부금영수증을 중복발행하지 않도록 유의하시기 바랍니다.

210mm×297mm[백상지 80g/㎡ 또는 중질지 80g/㎡]

② 개인의 경우

■ 소득세법 시행규칙 [별지 제45호의 2서식] 〈개정 2023.3.20.〉

일련번호	

기 부 금 영 수 증

※ 뒤쪽의 작성방법을 읽고 작성하여 주시기 바랍니다. (앞쪽)

❶ 기부자

성명(법인명)	주민등록번호 (사업자등록번호)
주소(소재지)	

❷ 기부금 단체

단 체 명 (지점명)	사업자등록번호(고유번호) (지점 사업자등록번호 등)
소 재 지 (지점 소재지)	기부금공제대상 기부금단체 근거법령

* 기부금 단체의 지점(분사무소)이 기부받은 경우, 지점명 등을 추가로 기재할 수 있습니다.

❸ 기부금 모집처(언론기관 등)

단 체 명	사업자등록번호
소 재 지	

❹ 기부내용

코 드	구 분 (금전 또는 현물)	연월일	내 용			금 액
			품명	수량	단가	

「소득세법」 제34조, 「조세특례제한법」 제76조·제88조의4 및 「법인세법」 제24조에 따른 기부금을 위와 같이 기부하였음을 증명하여 주시기 바랍니다.

년 월 일

신청인 (서명 또는 인)

위와 같이 기부금을 기부받았음을 증명합니다.

년 월 일

기부금 수령인 (서명 또는 인)

210mm×297mm[백상지 80g/㎡ 또는 중질지 80g/㎡]

(뒤쪽)

작 성 방 법

1. ❷ 기부금 단체는 해당 단체를 기부금공제대상 기부금단체로 규정하고 있는 「소득세법」 또는 「법인세법」 등 관련 법령을 적어 기부금영수증을 발행해야 합니다.

기부금공제대상 기부금단체 근거법령	코드
「법인세법」 제24조제2항제1호가목(국가·지방자치단체), 나목(국방헌금과 국군장병 위문금품)	101
「법인세법」 제24조제2항제1호다목 (천재지변으로 생기는 이재민을 위한 구호금품)	102
「법인세법」 제24조제2항제1호라목 (「사립학교법」에 따른 사립학교, 비영리 교육재단, 산학협력단 등 각 목에 열거된 기관(병원은 제외한다)에 시설비·교육비·장학금 또는 연구비로 지출하는 기부금)	103
「법인세법」 제24조제2항제1호마목 (각 목에 열거된 병원에 시설비·교육비 또는 연구비로 지출하는 기부금)	104
「법인세법」 제24조제2항제1호바목 (사회복지사업, 그 밖의 사회복지활동의 지원에 필요한 재원을 모집·배분하는 것을 주된 목적으로 하는 비영리법인(일정 요건을 충족하는 법인만 해당)으로서 기획재정부장관이 지정·고시하는 법인)	105
「소득세법」 제34조제2항제1호나목 (「재난 및 안전관리 기본법」에 따른 특별재난지역을 복구하기 위하여 자원봉사를 한 경우 그 용역의 가액에 대해 기부금영수증을 발급하는 단체)	116
「정치자금법」에 따른 정당	201
「법인세법 시행령」 제39조제1항제1호가목 (「사회복지사업법」에 따른 사회복지법인)	401
「법인세법 시행령」 제39조제1항제1호나목 (「영유아보육법」에 따른 어린이집)	402
「법인세법 시행령」 제39조제1항제1호다목 [「유아교육법」에 따른 유치원, 「초·중등교육법」 및 「고등교육법」에 따른 학교, 「근로자직업능력개발법」에 따른 기능대학, 「평생교육법」 제31조제4항에 따른 전공대학 형태의 평생교육시설 및 같은 법 제33조제3항에 따른 원격대학 형태의 평생교육시설)	403
「법인세법 시행령」 제39조제1항제1호라목 (「의료법」에 따른 의료법인)	404
「법인세법 시행령」 제39조제1항제1호마목 (종교의 보급, 그 밖에 교화를 목적으로 「민법」 제32조에 따라 문화체육관광부장관 또는 지방자치단체의 장의 허가를 받아 설립한 비영리법인(그 소속단체를 포함한다)]	405
「법인세법 시행령」 제39조제1항제1호바목 (기획재정부장관이 지정하여 고시한 법인)	406
「법인세법 시행령」 제39조제1항제2호가목 (「유아교육법」에 따른 유치원의 장 등이 추천하는 개인에게 지출하는 교육비·연구비·장학금)	407
「법인세법 시행령」 제39조제1항제2호나목 (공익신탁으로 신탁하는 기부금)	408
「법인세법 시행령」 제39조제1항제2호다목 (기획재정부장관이 지정하여 고시하는 기부금)	409
「법인세법 시행령」 제39조제1항제4호 (각 목에 열거된 사회복지시설 또는 기관 중 무료 또는 실비로 이용할 수 있는 시설 또는 기관)	410
「법인세법 시행령」 제39조제1항제6호 (일정 요건을 갖춘 국제기구)	411
「소득세법 시행령」 제80조제1항제2호(노동조합 등의 회비)	421
「소득세법 시행령」 제80조제1항제5호 (공익단체)	422
「조세특례제한법」 제88조의4 (우리사주조합)	461
「조세특례제한법」 제58조 (고향사랑 기부금)	462

2. ❸기부금 모집처(언론기관 등)는 방송사, 신문사, 통신회사 등 기부금을 대신 접수하여 기부금 단체에 전달하는 기관을 말하며, 기부금단체에 직접 기부한 경우에는 적지 않습니다.
3. ❹기부내용의 코드는 다음 구분에 따라 적습니다.

기부금 구분	코드
「소득세법」 제34조제2항제1호, 「법인세법」 제24조제2항제1호에 따른 특례기부금	10
「조세특례제한법」 제76조에 따른 기부금	20
「소득세법」 제34조제3항제1호(종교단체 기부금 제외), 「법인세법」 제24조제3항제1호에 따른 일반기부금	40
「소득세법」 제34조제3항제1호에 따른 일반기부금 중 종교단체기부금	41
「조세특례제한법」 제88조의4에 따른 기부금	42
「조세특례제한법」 제58조에 따른 기부금	43
필요경비(손금) 및 소득공제금액대상에 해당되지 아니하는 기부금	50

4. ❹기부내용의 구분란에는 "금전기부"의 경우에는 "금전", "현물기부"의 경우에는 "현물"로 적고, 내용란은 현물기부의 경우에만 적습니다. 현물기부 시 단가란은 아래 표와 같이 기부자, 특수관계여부 등에 따라 장부가액 또는 시가를 적습니다.

구 분	기부자		기부받는 공익법인
	법인	개인	
특수관계가 있는 경우	Max(장부가액, 시가)	Max(장부가액, 시가)	시가
특수관계가 없는 경우	장부가액		장부가액*

* 기부한 자의 기부 당시 장부가액, 개인이 사업소득과 관련 없는 자산을 기부한 경우 : 개인의 최초 취득가액

210mm×297mm[백상지 80g/㎡ 또는 중질지 80g/㎡]

(2) 국가 또는 지방자치단체 기부금의 경우

국가 또는 지방자치단체에 기부한 금액 중 「기부금품의 모집·사용 및 기부문화 활성화에 관한 법률」의 적용을 받는 기부금품은 동법 제5조 제2항의 규정에 의하여 접수한 것에 한한다(법법 §24 ③ 1호). 따라서 이에 해당되는 경우에는 관련 증명서류를 준비해야 할 것이다.

> 「기부금품의 모집·사용 및 기부문화 활성화에 관한 법률」 제5조 **【국가 등 기부금품 모집·접수 제한 등】**
>
> ① 국가나 지방자치단체 및 그 소속 기관·공무원과 국가 또는 지방자치단체에서 출자·출연하여 설립된 법인·단체는 기부금품을 모집할 수 없다. 다만, 대통령령으로 정하는 국가 또는 지방자치단체에서 출자·출연하여 설립된 법인·단체는 기부금품을 모집할 수 있다.
>
> ② 국가 또는 지방자치단체 및 그 소속 기관·공무원과 국가 또는 지방자치단체에서 출자·출연하여 설립된 법인·단체는 자발적으로 기탁하는 금품이라도 법령에 다른 규정이 있는 경우 외에는 이를 접수할 수 없다. 다만, 다음 각 호의 어느 하나에 해당하면 이를 접수할 수 있다.
>
> 1. 대통령령으로 정하는 바에 따라 사용용도와 목적을 지정하여 자발적으로 기탁하는 경우로서 제3항에 따른 기부심사위원회의 심의를 거친 경우
> 2. 모집자의 의뢰에 의하여 단순히 기부금품을 접수하여 모집자에게 전달하는 경우
> 3. 제1항 단서에 따른 대통령령으로 정하는 국가 또는 지방자치단체에서 출자·출연하여 설립한 법인·단체가 기부금품을 접수하는 경우
>
> ③ 다음 각 호의 기관이나 지방자치단체의 장은 제2항에 따라 자발적으로 기탁하는 금품의 접수 여부를 심사하기 위하여 필요한 경우 기부심사위원회(이하 이 조에서 "위원회"라 한다)를 구성·운영할 수 있다.
>
> 1. 국회, 대법원, 헌법재판소 및 중앙선거관리위원회
> 2. 행정안전부 및 대통령령으로 정하는 기관
>
> ④ 위원회의 위원에는 민간인 위원이 포함되어야 한다.
>
> ⑤ 제3항 각 호의 기관이나 지방자치단체의 장은 위원회의 구성 목적을 달성하였다고 인정하는 경우에는 위원회를 해산할 수 있다.

⑥ 제3항부터 제5항까지에서 규정한 사항 외에 위원회의 구성·운영 등에 필요한 사항은 국회규칙, 대법원규칙, 헌법재판소규칙, 중앙선거관리위원회규칙, 대통령령 또는 그 지방자치단체의 조례로 정한다.

3. 위약금, 포상금, 손해배상금(잡손실)

(1) 지출증명서류와의 관계

위약금과 포상금 및 손해배상금은 재화 또는 용역의 공급이 아니므로 정규증명서류와는 무관하다(부가세 집행기준 4-0-2, 법인 46012-910, 2000.4.8.).

관련 예규

1. 도급공사의 지체상금의 경우(법인 46012-2008, 2000.9.29.)

법인이 발주법인의 하도급공사를 이행하면서 도급공사 및 납품계약서상 그 기일의 지연으로 인하여 부담하는 지체상금에 대하여는 지출증명서류에 관한 규정을 적용하지 아니함.

(2) 기타소득에 해당되는 경우

다음과 같은 포상금을 임직원이 아닌 개인에게 지급하는 경우에는 기타소득에 해당하므로 지급액의 20%에 상당하는 기타소득세를 원천징수하여야 한다.

① 현상광고 또는 우수현상광고에 대하여 지급하는 현상금

② 특별한 공로에 대하여 지급하는 상금

③ 경진·경연·경기대회·전람회 등에서 우수한 자에게 지급하는 상금

④ 법령의 규정에 의하여 지급하는 보상금·포상금·보로금·상금 등(소통 21-

0…1 ①)

아울러 계약의 위약 또는 해약으로 인하여 지급하는 위약금과 배상금이 재산권에 관한 계약의 위약 또는 해약으로 인하여 받는 손해배상(보험금을 지급할 사유가 발생하였음에도 불구하고 보험금 지급이 지체됨에 따라 받는 손해 배상을 포함한다)으로서 그 명목 여하에 불구하고 본래의 계약의 내용이 되는 지급자체에 대한 손해를 넘는 손해에 대하여 배상하는 금전 또는 그밖의 물품의 가액은 수령자 개인의 기타소득이 된다.

이 경우 계약의 위약 또는 해약으로 인하여 반환받은 금전 등의 가액이 계약에 의하여 당초 지급한 총금액을 넘지 아니하는 경우에는 지급자체에 대한 손해를 넘는 금전 등의 가액으로 보지 아니한다(소령 §41 ⑧).

기타소득으로 보는 위약금의 예로는 다음과 같다(소통 21-0…1 ④).

① 주택을 분양함에 있어 사업주체가 승인기한 내에 입주를 시키지 못하여 입주자가 받는 지체상금

② 채권자가 채무자의 금전채무불이행에 대하여 손해배상금청구의 소를 제기하고 그 손해를 배상받게 되는 경우의 지연배상금

③ 부동산매매계약 후 계약불이행으로 인하여 일방 당사자가 받은 위약금 또는 해약금

④ 퇴직금지급청구소송을 제기하여 퇴직금과 지급지연손해배상금을 받는 경우에 있어서 당해 지급지연 손해배상금

⑤ 임기가 정하여진 법인의 임원이 임기만료 전에 정당한 이유없이 해임됨으로써 「상법」 제385조 제1항의 규정에 의하여 손해배상을 청구하여 퇴직금과 별도로 손해배상을 지급받는 경우 동 손해배상금. 다만, 신분 및 인격에 대한 손해배상금은 제외한다.

⑥ 상행위에서 발생한 크레임(claim)에 대한 배상으로서 현실적으로 발생한 손해의 보전 또는 원상회복을 초과하는 배상금

그러나 계약의 위약 또는 해약으로 인하여 타인의 신체의 자유 또는 명예를 해하거나 기타 정신상의 고통 등을 가한 것과 같이 재산권 외의 손해에 대한 배상 또는 위자료로서 받는 금액은 포함되지 아니한다(소통 21－0…1 ⑤).

약정여부를 불문하고 금전채무를 포함한 채무의 이행지체로 인하여 지급받는 지연배상금은 「소득세법」 제21조 제1항 제10호에 따른 계약의 위약 또는 해약으로 인하여 받는 위약금 또는 배상금에 해당한다(소통 21－0…1 ⑥).

저자 약력

이영우

고려대학교 경제학과 졸업
서울대학교 대학원 경영학과 수료

(현) 공인회계사 · 세무사 · 경영지도사
대한상공회의소 세무연수원 강사
(법인세법 부분)
코스닥상장회사협의회 강사
상장회사협의회 강사
㈜조세통람 세무회계 강사
세덕회계법인

(전) 한국산업은행 근무
삼일회계법인 근무
중소기업진흥공단연수원 강사
한국금융연수원 강사
한국공인회계사회 회계연수원 강사
서울상공회의소 세무회계 상담역

〈저서〉

주식거래와 세금(한국세정신문사)
세무회계연습(세경멀티뱅크)
세법개론(세경멀티뱅크)
중소기업을 위한 지원세제(중소기업진흥공단)
알기쉬운 주식관련세제(한국상장회사협의회)
계정과목별 회계와 세무(㈜조세통람)
법인세조정 · 신고실무(㈜조세통람)
핵심실무 법인세법(㈜조세통람)
지방소득세실무해설(㈜조세통람)
업무용승용차 관련비용과 지출증명서류(㈜조세통람)

2025 알기쉬운 지출증명서류

저　　자 **이영우**
발 행 인 **서원진**
편집·교정 **류현수, 김영림**
편집디자인 **이은희, 이미영, 황자애**
발 행 처 **㈜조세통람**
펴 낸 날 **2005년 3월 4일 초판 발행**
2025년 3월 31일 개정21판 발행

저자와의 협의하에 인지생략

주　　소 서울특별시 중구 동호로 14길 5-6(신당동)
등　　록 1976. 11. 5. 제9-81호
대표전화 02) 2231-7027
F A X 02) 2234-1754
구입문의 02) 2231-7027~9
I S B N 979-11-6064-344-2 13320
정　　가 **25,000원**

(주)조세통람은 좋은 책을 만들기 위해 독자 여러분의 의견을 기다립니다.
• 독자 의견 및 도서 문의 메일 : E·mail(josetop@inaus.co.kr)